les forces de la vie

J'AI LU

MARTIN GRAY — *ŒUVRES*

AU NOM DE TOUS LES MIENS	
LE LIVRE DE LA VIE	*J'ai Lu* 839**
LES FORCES DE LA VIE	*J'ai Lu* 840**
LA VIE RENAÎTRA DE LA NUIT	
LES PENSÉES DE NOTRE VIE	
LE NOUVEAU LIVRE	*J'ai Lu* 1295****

MARTIN GRAY
Prix international Dag Hammarskjœld

les forces de la vie

découvrir et guider notre énergie psychique

Éditions J'ai Lu

Je tiens à remercier, comme je l'ai fait au début du *Livre de la vie*, Mme H.C. Erikson avec qui j'ai tout d'abord discuté de ce texte et qui a revu aussi mon manuscrit. J'ai une profonde gratitude pour le Dr F..., psychologue et psychanalyste, qui a relu le texte définitif et m'a aidé de son immense science et de sa grande humanité.

Les droits d'auteur de Martin GRAY assurent le fonctionnement de la Fondation GRAY, qu'il a créée en hommage aux siens et dont le but est la protection de l'homme dans son cadre de vie.

AVERTISSEMENT

Il est des gens qui sourient ironiquement quand on leur parle de sentiments simples. Eux, ils n'acceptent pas, disent-ils, ce qui est simpliste. Aimer? Vivre? Nature? Mourir? Le bonheur? Le malheur? La santé? Ces mots, ils ne les connaissent plus. Ils emploient des mots qu'ils sont seuls à comprendre. Ils se disent intelligents, sceptiques. Ils ne savent pas dire oui ou non. Ils répondent peut-être. Ils prétendent avoir lu les livres à la mode, ceux dont on parle dans les journaux. Eux-mêmes, souvent, écrivent des livres, des articles, ou bien ils feuillettent des revues avec un air entendu. Ils savent tout sur tout. Ils ne veulent pas être dupes des idées simples. C'est bon pour les naïfs, les femmes sans culture, pour n'importe qui. Mais pas pour eux.

Ces Messieurs et ces Dames élégants, ces snobs, ces pseudo-intellectuels qui croient connaître la vie, qui n'ont que des sentiments de supériorité, de vanité, qui s'imaginent, parce qu'ils ont écrit quelques phrases, qu'ils portent des jugements sur tout, savoir ce qu'est vraiment l'existence, la souffrance et le bonheur, ceux-là, si par hasard ils ont entre les mains ce livre, qu'ils le referment. *Les Forces de la vie* n'est pas un livre pour eux.

Pour une seule raison :
ILS NE SAVENT PLUS LIRE
AVEC LEUR CŒUR.

En
Souvenir
de
mes enfants
pour qui
J'aurais voulu écrire
ce
livre
Ils ne sont plus

Pour
mes enfants à naître
que ce livre
Devienne le guide
de leur
Bonheur quotidien

Pour vous
Qui savez qu'il y a
En vous
Une énergie, une richesse, une invention
Qui n'arrivent pas toujours
à
S'exprimer
Ce livre que j'écris
Pour vous
aider
A être pleinement
Vous-même
Pour que s'épanouissent les pouvoirs
Qui sont en vous
Ce livre qui
veut vous aider à
libérer
votre énergie psychique
immense
insoupçonnée
Ce livre que j'écris
Pour que vous vous ouvriez au monde
Et laissiez entrer en vous
grandir en vous

LES FORCES DE LA
VIE

PREMIÈRE PARTIE

NOUS ALLONS PARLER DE VOUS

1

VOUS VENEZ D'OUVRIR CE LIVRE

Vous venez d'ouvrir ce livre.

Imaginez tout ce qu'il a fallu de circonstances pour que vous fassiez ce geste si simple. Vous connaissez mon nom peut-être. Vous savez de façon imprécise que j'ai eu, malgré moi, une vie extraordinaire. Ou bien vous avez lu *Au nom de tous les miens* ou *Le Livre de la vie* (1), mes livres précédents.

Ou alors un ami vous a dit qu'il fallait lire ce livre que vous tenez à la main.

Ou bien un article, dans un journal, ou une émission à la radio ou à la télévision vous ont guidé vers ce petit volume de papier dans lequel j'ai écrit ce que je crois qu'il faut que vous lisiez.

Et c'est peut-être seulement, plus mystérieux encore, le hasard qui vous a fait saisir ce livre, sans que vous sachiez pourquoi, le titre vous a attiré sans doute, ou la couleur de la couverture.

Quelles que soient les raisons, les cascades de circonstances ou de hasards, vous avez ce livre devant vous, ouvert, et vous allez le lire jusqu'au bout.

Attentivement et passionnément.

Non pas que je sois un grand romancier qui raconte la plus belle et la plus étrange des histoires.

Je veux simplement vous parler de vous. De votre vie. De la façon dont vous pouvez la transformer, faire en sorte que vos souhaits se réalisent et que

(1) Editions J'ai Lu, N° D82**

vous sachiez adapter votre esprit, vos désirs, aux conditions mêmes de la vie.

Je veux que ce livre commencé, vous sentiez croître en vous la volonté de vous prendre en main, vous-même, et que chaque phrase que vous allez lire soit comme l'eau sur la plante. Qu'elle vous aide. Qu'elle vous pousse. Qu'elle soit le point d'appui sur lequel vous allez vous appuyer pour changer votre façon de considérer votre vie.

Je veux vous aider à *libérer* en vous *l'énergie* et les *forces de la vie.*

Rêvez un instant.

Souvenez-vous.

Vous avez porté en vous, dans votre enfance, votre adolescence, quand vous n'aviez pas encore été heurté au monde, à la société, des espoirs immenses. En vous-même. Dans la vie. Vous avez rêvé. Et vous rêvez encore, peut-être — je l'espère — à une vie différente. Ou bien, même si vous ne voulez pas de transformations profondes et totales de votre vie présente, vous désirez voir certains de ses aspects s'améliorer.

Rêvez un instant.

S'il était possible de...

Et dans cette phrase que je n'achève pas, placez vos désirs les plus secrets, les plus profonds.

Souvenez-vous de ces désirs que vous avez fait taire, que vous avez enfouis parce que, au fur et à mesure que vous connaissiez le monde, ils vous paraissaient irréalisables.

Et, marchant le long des années, vous perdiez en route vos rêves et vos désirs.

Retournez-vous.

Regardez ce que vous avez laissé le long de votre chemin. Cet espoir de bonheur, de tranquillité, de paix intérieure. Cette plénitude et cette douceur de votre âme.

Ou bien cet amour dont vous ressentiez si fort le besoin et auquel vous avez cru devoir renoncer et que vous n'espérez plus. Imaginez un instant que vous allez pouvoir faire quelques pas sur le chemin que vous avez suivi, que vous allez recueillir ces désirs et ces espoirs perdus, abandonnés, qu'ils vont à nouveau germer en vous.

Imaginez.

Je vous dis : rien de cela n'est impossible. Je vous dis : si vous le voulez, vous le pouvez.

Mais il faut le vouloir fort.

Longtemps.

Il faut vouloir s'emplir de cette volonté et de cette détermination. Il faut libérer *votre énergie vitale.*

Et vous ne pouvez pas le faire seul.

Il vous faut une épaule qui vous prête son aide. Il vous faut quelqu'un qui vous parle. Qui sache, parce que la vie a été sa dure et cruelle école, comment il faut porter en soi l'espoir. Comment il faut, méthodiquement, scientifiquement, se connaître pour pouvoir utiliser toutes les forces qui sont en soi.

Pour enfin, être vous-même.

Car il ne faut pas vouloir être autre que ce que l'on est.

Ecoutez cette voix qui est en vous.

Vous êtes le seul à pouvoir l'entendre. Elle vous dit : « Dans la vie de tous les jours, tu n'arrives pas à t'exprimer comme tu le voudrais, comme tu le sens. Quand tu agis, quand tu parles, quand tu te confies, même à ceux que tu aimes, quand tu dis que tu aimes même, tu restes souvent en retrait. Tu ne vas pas jusqu'au bout. Tu n'explores pas toutes les zones de ton esprit et de ton corps. Tu voudrais t'élancer. A l'intérieur de toi tu te sens léger, disponible, agile, et voilà que tu te découvres, quand tu parles, quand tu agis, quand tu marches, lourd, maladroit, comme un homme bégayant qui voudrait parler vite, qui pense vite et qui ne peut que dire des lettres qui se bousculent, presque incompréhensibles. Et lui, il sait qu'il parle si bien en lui-même et que ce qu'il a à dire est important, essentiel pour les autres, vital pour lui-même. »

Il faut que vous cessiez d'être cet homme bégayant.

Il faut que votre voix, celle qui parle si bien en vous, qui, parfois, mais si rarement, arrive à sortir de vous — et quelle joie alors — quelle communication heureuse avec les autres — et c'est cela souvent qu'on appelle l'amour — se fasse toujours entendre. Il faut que vous appreniez à parler votre langue intérieure.

Qui n'est qu'à vous.

Et cela vous donnera la paix et la joie.

La paix et la joie.

Elles ne seront jamais parfaites. Menteur celui qui vous dira : « Tout est facile, le monde va devenir lisse et tu iras léger sur sa surface, comme les patineurs qui tracent aisément des arabesques sur la glace. »

Non, ce ne sont ni le monde, ni la joie, ni la paix que seront parfaits, mais votre façon de regarder et de comprendre le temps d'aujourd'hui. Votre manière de rechercher la joie et la paix vous donnera un équilibre que vous ne connaissez pas.

Tenez, essayez.

Vous allez poser ce livre sur la table ou sur le bras du fauteuil, ouvert à cette page. Lisez encore quelques phrases. Vous allez vous lever. Ouvrir votre fenêtre, étendre les bras le long du corps, les paumes de vos mains ouvertes vers l'extérieur.

Puis vous allez inspirer lentement par le nez. Jusqu'à ce que votre poitrine soit gonflée. Jusqu'à ce que vous ayez la certitude qu'elle ne peut plus se dilater encore. Puis vous rejetterez régulièrement par la bouche l'air que vous venez de faire entrer en vous.

Faites cela cinq fois. Prenez votre temps. Allez vers votre fenêtre, allez...

Posez ce livre
Levez-vous
Inspirez lentement
Expirez profondément

Vous venez de reprendre ce livre. Vous vous sentez mieux. Je le sais. Vous avez au cœur de votre poitrine une sensation de fraîcheur et jusqu'au bout de vos doigts l'impression d'une plus grande vigueur.

Pourtant le monde autour de vous n'a pas changé. C'est toujours la même pièce, le même livre que vous tenez entre vos mains. Mais ces quelques minutes que vous avez su arracher à la nécessité aveugle qui vous entraîne, ces quelques bouffées d'air dont vous avez *décidé* que vous les respireriez autrement et non plus comme une machine, voilà qu'elles changent votre rapport au monde.

Parce que vous avez *choisi, décidé,* de *contrôler* et de *savoir,* votre respiration — cet acte mécanique et naturel que vous faites à chaque seconde par instinct — vous l'avez *soumise* à votre *volonté.*

Mais, déjà, vous oubliez, vous perdez la fraîcheur et la vigueur nouvelles qui vous avaient pénétré.

Comment en serait-il autrement? Vous n'avez appliqué la force de votre esprit, de votre volonté, que durant quelques minutes. Et vous voudriez que tout change déjà en vous?

Rien n'est acquis définitivement dans la vie. Il vous faudra reprendre la route, recommencer l'effort, pour que peu à peu votre attitude se transforme. Que la fraîcheur et la vigueur demeurent. Que votre volonté, comme un ressort d'acier trempé, joue en chaque circonstance et vous aide à resurgir alors qu'un événement, le monde extérieur, les circonstances vous auront fait mal et auront tenté de vous briser.

Car ne vous y trompez pas, *le monde* souvent vous sera difficile à accepter.

Regardez-le tel qu'il est.

Entendez cette question de tant d'hommes et de femmes qui s'interrogent : « Où allons-nous? » demandent-ils.

Ecoutez mon cri de colère.

Voyez : voici l'injustice. Cette femme, cette mère, que l'on jette en prison parce qu'elle n'a pas payé une somme dérisoire. Et voici celui dont le métier est de voler qui s'enveloppe dans les plis de la loi pour paraître juste et échapper, avec les honneurs et les bravos, au châtiment.

J'ai pris cet exemple parce que je revois le visage de cette femme simple, mal coiffée, aux mains rougies par le travail. Elle avait plusieurs enfants. Sans doute avait-elle oublié de payer l'une des traites d'un appareil acheté à crédit. La justice est passée. Elle a connu la prison. Et l'un de ses fils, abandonné ainsi à lui-même, humilié, s'est suicidé. Comment ne pas lancer un cri de colère?

C'est notre monde.

Et le voici encore dans ces scènes de folie : dans nos pays, des agriculteurs, pour échapper à la pauvreté, jettent sur les routes des tonnes de fruits. Répandent le lait. Et à quelques heures d'avion de là, des enfants meurent de faim. Rappelez-vous. Vous les avez vus, squelettiques, leurs yeux immenses et blancs dans leur visage noir.

C'est notre monde.

Il connaît l'injustice et la faim, l'inégalité et la guerre.

J'ai connu tout cela moi-même. J'appartiens au peuple juif persécuté depuis deux millénaires. Et que les nazis ont tenté vainement d'exterminer. Ma chair porte encore les traces de ce passé qui me semble si proche, quand j'étais un homme traqué par d'autres hommes, quand je voyais l'homme devenir victime ou bourreau. Et ma colère éclate et votre colère doit retentir puisque, en mille lieux, l'homme est encore soumis à la cruauté. L'homme est encore détourné de la fraternité, l'homme n'aime pas l'homme mais le persécute et le tue. C'est notre monde.

Et je vois les forêts, les rivières, les océans, les rivages empoisonnés et même le ciel que dévorent les avions à réaction, je vois la nature saccagée et toute détruite.

Vous souvenez-vous de ces photographies : arbres tordus et noircis par l'incendie ou arbres tranchés par la scie, comme le symbole de notre folie de destruction, de notre passion mauvaise pour cette puissance vivante de la nature? Voici aussi des oiseaux pris au piège du goudron, les ailes alourdies par cette glu mortelle qui recouvre les océans et les plages, ce pétrole qui parfois se répand comme une plaie purulente.

C'est notre monde que nous dilapidons, que nous ne réussissons pas à organiser et sur lequel, nous, tous responsables, laissons suspendus, épées de feu qui peuvent nous détruire tous, les milliards de tonnes d'explosifs que représentent les bombes atomiques, les fusées porteuses de mort. Cette mort nucléaire que nous oublions et qui nous menace, elle est le visage de ce monde qui est le nôtre. De ces villes fantastiques où l'homme a lancé des tours vers le ciel, hautes et brillantes, et où il ne peut plus sortir le soir sans craindre d'être volé, battu, comme on l'était dans une forêt. Ce monde ressemble à notre vie. Si belle, si riche d'espoirs et d'énergies, d'invention.

Parfois nous nous étonnons nous-mêmes d'être capables de rêver et de faire tant de choses. Mais nous nous laissons aller trop souvent à la dérive ou bien nous saccageons. Et nous ouvrons les yeux : est-ce cela que je voulais? Comment n'ai-je pas appris à mieux conduire ma vie? Vais-je pouvoir maintenant, enfin, transformer mes rêves en réalité?

Vais-je pouvoir éviter que ma vie ne ressemble un jour à ce monde où je vis, trop souvent pollué, menacé et cruel?

Je voudrais vous aider à répondre à ces questions. Vous aider à transformer, à changer votre vie dans ce monde dur et hostile qui vous entoure.

Je peux vous aider.

Je dois vous aider.

Il y a des hommes ou des femmes qui sont *choisis*. Dont la *voix* porte plus loin. Elle n'est pas meilleure que votre voix, elle n'est pas supérieure. Mais voici que la vie a fait d'eux des *voix* et des *visages* connus.

Je suis de ceux-là.

Vous le savez puisque vous avez acheté ce livre, puisque des millions de lecteurs dans le monde ont trouvé courage et espoir dans *Au nom de tous les miens* et dans *Le livre de la vie.*

Je ne m'en étonne pas. Si je revis les moments les plus graves et les plus difficiles de mon existence, mes évasions alors que j'aurais dû cent fois mourir, mes émotions, ces coïncidences qui me faisaient retrouver dans la nuit des combats mon père et puis je le voyais mourir devant mes yeux, abattu par les bêtes à visage d'hommes, nos bourreaux. Si je repense à la rencontre avec ma femme Dina. Ce miracle inattendu, ce que l'on appelle un coup de foudre, cette certitude que j'ai eue en un seul instant que c'était Elle vers qui je marchais depuis si longtemps. Et ce lieu que je choisissais pour vivre avec Elle et là fonder une famille, ce lieu, au sommet de cette haute colline face à la mer. Là, rien ne semblait devoir survenir. Et rien ne semblait devoir me permettre de m'installer là. La propriété était divisée, il fallait convaincre des paysans que personne n'avait réussi à décider à vendre. Et je réussissais et je vivais là-haut, dans cette maison que j'appelais ma forteresse, seul avec les miens, entre le ciel et la terre face à la mer. C'est là que les flammes sont à nouveau venues détruire ce que j'avais construit avec mon sang, balayer la vie qui valait plus que ma vie. C'est là que le destin m'a laissé seul avec le choix de lutter encore ou de mourir de ma main.

Dans ces instants cruels, quand il suffit de si peu pour qu'on prenne l'une ou l'autre route, toute ma vie passée, la tradition de mon peuple, les mots de mon père si souvent répétés dans ma mémoire — survis, combats, témoigne, raconte, parle, explique — se sont assemblés les uns au-dessus des autres, faisant une barrière infranchissable qui m'interdisait de choisir la route de la mort. Et le bonheur que j'avais vécu avec Dina et mes enfants m'aidait aussi, plus que tout.

J'ai donc décidé de vivre. De créer la Fondation Dina Gray et d'écrire.

Et de nouvelles coïncidences se sont produites. Des rencontres inattendues encore. Mes deux livres qui s'en allaient par des centaines de milliers de chemins mystérieux vers le cœur des lecteurs. Et les lettres que je recevais en retour, comme si ma voix avait acquis, s'était chargée, dans le cours de toute ma vie, d'enseignements, qu'elle portait bien plus que ma propre expérience. Mais aussi celles de tous ces hommes et de toutes ces femmes que j'avais croisés, avec qui j'avais souffert et qui, parfois dans un seul regard, par un seul geste de la main, m'avaient légué leur vie.

Voilà pourquoi ma voix porte plus loin.

Pourquoi vous l'entendez.

Ma voix est comme un écho venu des profondeurs. C'est moi qui parle et ce n'est plus moi. L'écho s'enfle de tous les murmures que j'ai recueillis. Des confidences de tous ceux que j'ai rencontrés, qui m'ont écrit. Milliers de vies qui se sont dirigées vers moi et dont je tire ma force.

Dont vous allez tirer votre force.

Je suis devenu l'intermédiaire. Le relais. Entre eux et vous. La vie ne m'a pas donné un sort ordinaire. Je pourrais le regretter. Mais à quoi cela servirait-il? J'ai accepté ce destin qui m'a été fait. Je le porte comme une charge nécessaire et au lieu de me débattre, de repousser ce poids, et quel serait le sens de cette agitation, à quoi servirait de vouloir être autre, je dis : « De mes malheurs, de mes souffrances, je vais faire une force, une chance même. »

Celui qui a côtoyé la mort, celui qui a été jusqu'à la lisière, celui-là sait comme moi que brusquement, il a *vu, compris*. J'ai vu et compris. Pour vous aussi. Et c'est pourquoi j'écris ce nouveau livre.

Pour vous communiquer *la connaissance* que j'ai

acquise lentement : chaque événement était pour moi, aujourd'hui j'en ai conscience, comme la marche d'un escalier qu'il faut gravir. Cet escalier n'a pas de fin. Mais j'ai monté beaucoup de marches. Chaque fois une main m'a été tendue. Un homme, une femme, parfois seulement un événement ou un livre, ou un mot, m'ont aidé. Je n'ai jamais été abandonné. Au cœur de l'enfer, dans un camp où l'homme valait moins qu'une motte de terre, un camarade m'a, et c'était sa vie qu'il me donnait, offert un morceau de pain.

A chaque fois quelqu'un a accompli ce geste.

Aujourd'hui, c'est mon tour.

Mais que peuvent ma voix, les mots que j'écris si vous n'êtes pas prêt à les accueillir? Que peut l'eau si au lieu de s'enfouir dans la bonne terre, elle ruisselle sur la roche dure? Vous avez acheté ce livre. Il faut le lire jusqu'au bout. Le parler en vous et le parler aux autres. Qu'il ne soit plus *mon livre*. Mais qu'il *devienne votre livre*.

Oubliez que je vous parle. Oubliez ma vie.

N'écoutez que cette voix qui va devenir la vôtre, qui est la vôtre, celle que vous entendez au plus profond de vous. Ne pensez qu'à votre vie, que vous voulez belle et épanouie. Ne pensez qu'à la paix dont vous avez besoin, pareille à un verre d'eau fraîche que vous buvez lentement quand vous avez soif. Ce livre c'est le vôtre, vous l'avez écrit. Je ne suis que la main. Mais chaque mot que vous lisez devient vôtre. Laissez parler ce livre en vous. Parlez ce livre aux autres. Il est le vôtre. Interrogez-vous, ne détournez pas la pensée de vous-même, ne vous laissez pas distraire par un bruit, ne craignez pas la question que vous allez vous poser et la réponse qui doit venir.

INTERROGEZ-VOUS

N'ai-je pas en moi *des forces* qui ne sont pas encore épanouies?

N'ai-je pas besoin de parler à un ami?

Ai-je atteint tous mes buts? Réalisé ce que je désire?

Comment parvenir à cet équilibre?

L'équilibre du corps, pour que sous ma peau mes muscles soient eux aussi pacifiés, que mes organes, sans que je les commande, agissent librement?

Et l'équilibre de mon cœur et de mon esprit, l'ai-je atteint?

Pourquoi suis-je devenu ce que je suis?

Comment devenir autre, si je le veux?

Comment être mieux avec moi? Avec ceux qui m'entourent?

Comment pacifier mon corps et mon cœur?

Interrogez-vous ainsi. Reprenez ces questions. Ne vous laissez pas distraire. Pensez profondément, avec effort, à votre vie passée, à celle qui vient.

A ce que vous allez faire d'elle.

Avec l'aide de ce livre qui est votre livre.

VOUS ALLEZ FERMER CE LIVRE

Vous allez penser à vous. A ce que vous voulez devenir. Aux mots qui sont les vôtres et que vous venez de lire. Il faudra que vous fermiez les yeux quelques minutes pour vous concentrer sur vous-même. Sur vos désirs et l'effort qu'il faut déployer pour les accomplir. Et vous penserez au bonheur que vous voulez atteindre.

Respirez, inspirez lentement
Profondément
Vous allez fermer ce livre
Pensez à vous
Pensez à ces mots qui sont vôtres
Méditez
Fermez ce livre
Et fermez les yeux

Vous, vos pensées, vos rêves, votre vie,
VOTRE LIVRE

Ce livre, je l'écris comme une lettre qu'on envoie à un ami.

Ce livre, je l'écris comme on parle. Quand la voix se fait plus basse et qu'on se confie et qu'on dit ce qui est important et qu'on n'ose pas toujours dire. Ce livre, c'est ma réponse à tant de lettres reçues depuis que, voilà maintenant des années déjà, j'ai commencé à vous parler en vous disant ma vie Au nom de tous les miens, *puis ce que je lisais dans* Le livre de la vie.

Ce livre c'est la lettre que je vous destine. Mais il ne vous suffit pas de la lire. Personne ne peut remplacer l'EFFORT et le PLAISIR que vous allez connaître — et qui vont vous changer — quand ici dans la page qui suit, vous allez LIBREMENT, après la lecture, ECRIRE POUR VOUS, mais pour moi aussi, comme une réponse qu'on envoie, un dialogue qui se noue.

Ecrivez librement vos pensées et vos rêves.

Les réflexions que fait naître la lecture.

Ecrire quelques mots aujourd'hui, comme un journal que vous tiendriez et que vous allez prolonger, plus loin, c'est comme si vous écriviez VOTRE LIVRE, votre réponse. Vous allez REVIVRE votre vie et PREPARER VOTRE AVENIR.

REPONDEZ-MOI

ECRIVEZ, CONFIEZ-VOUS A VOUS-MÊME.

2

VOUS N'ÊTES PLUS SEUL

Vous n'êtes plus seul.

Je ne sais quelle est votre situation précise, vous qui me lisez. Je ne connais pas la couleur du ciel de votre pays, en ce moment, alors que ma voix, mes mots, je vous l'ai dit, deviennent les vôtres. Et que ce livre vers qui vous avez été conduit se transforme entre vos mains, sous votre regard, en un autre livre : le vôtre.

J'ignore votre âge, ce calcul que l'on fait « né, il y a » et selon ce chiffre on dit que vous êtes jeune ou adulte ou vieux. Peut-être votre mari va-t-il rentrer, ou vos enfants. Ou bien ne viendront-ils pas. Vous espérez un jour constituer autour de vous une famille. Mais vous avez peut-être aussi perdu cet espoir.

Jeune ou vieux selon l'état civil, homme ou femme, marié ou célibataire, avec ou sans enfants, je dis : « Vous êtes jeune par le cœur et vous n'êtes plus seul. »

Vous avez fait un geste. Vous avez acheté et ouvert ce livre. Vous n'êtes plus seul car vous allez rencontrer un compagnon qui va devenir votre allié : *cet ami*, c'est *vous*.

Mais il fallait que le hasard, le courage, le destin vous fassent ouvrir ce livre où vous allez vous rencontrer.

Car vous étiez seul.

Je le sais. Je l'ai été si souvent dans ma vie que

je ressens ce qu'a été votre situation. La solitude, c'est le silence ou bien une voix aigre et désespérée qui répète en vous cette unique phrase : « Tu es seul. » Et votre regard qui mesure le vide. Mais parfois vous êtes entouré par ceux qui vous aiment ou avec qui vous vivez depuis toujours et pourtant, bien qu'ils soient vos parents, votre mari, vos enfants, bien qu'ils se dévouent pour vous et que pour eux vous soyez prêt à tous les sacrifices, vous vous êtes senti seul. Il y avait entre eux et vous un intervalle comme ces fossés qui entourent les châteaux forts du Moyen Age. Et dans votre forteresse, derrière ce fossé, malgré tous ces bruits autour de vous, malgré tous ces visages, vous étiez seul. Et vous ressentiez cette solitude comme une souffrance.

Vous ne mesurez même pas exactement vous-même à quel point souvent vous étiez seul. Ce malaise, cette insatisfaction que vous ressentiez, c'était la solitude. Et il faut que vous preniez conscience de ce qu'était votre situation avant que vous ayez ouvert ce livre et dans quelques pages vous l'aurez déjà oubliée car vous aurez appris que vous avez toujours auprès de vous un ami : le seul qui peut vous être toujours fidèle. Le seul qui sera là aux moments cruels : *vous*.

Alors, avant d'oublier, fermez ce livre, fermez les yeux, prenez le temps qu'il faudra pour voir défiler en vous les étapes de votre vie, ressentez les absences, les vides qui vous entouraient et se creusaient en vous.

Laissez votre esprit aller
Libre
Revivez votre vie
Fermez ce livre
Fermez les yeux

Vous reprenez votre lecture. Vous venez de descendre en vous, de découvrir peut-être ce qui fait l'originalité de votre vie, qui vous rend différent de chaque homme et lui différent de vous.

Attardez-vous encore sur vous-même. Non pas par

complaisance. Souvent, je le sais parce que moi-même j'ai cédé à cette tentation, on contemple sa vie en se disant : « Je n'ai pas eu de chance, le malheur sur moi s'est abattu trop souvent », ou bien l'on dit : « J'aurais pu mais le destin en a voulu autrement, il ne m'a pas favorisé. Je n'ai pas eu de chance. »

Ce regard que l'on porte sur soi, c'est un peu comme si quelqu'un, une mère, vous prenait dans ses bras, vous berçait et l'on se laisse aller triste, mélancolique et en même temps satisfait.

Ce n'est pas ce regard-là, cette attention-là que je vous demande. La complaisance ne sert à rien. On n'apprend pas à vivre en se couchant dans un lit de plumes, moelleux et rassurant. On n'apprend pas à changer son rapport avec le monde en se répétant qu'en somme on n'est responsable de rien.

Si vous avez, revivant votre vie, cédé à cette séduction de la complaisance et de l'attendrissement, alors, recommencez.

Ne vous attendrissez pas sur vous-même
Essayez de comprendre
Réfléchissez
Analysez votre comportement
Fermez ce livre
Fermez les yeux

Si vous avez réussi, maintenant, à vous voir, dans un acte passé, comme un ami aux prises avec les difficultés ou alors que le bonheur vous entraînait, faites surgir devant vous un seul mot, isolez-le : *douleur*.

Ce mot, répétez-le : *douleur*.

Ce n'est pas à votre douleur passée ou présente qu'il vous faut penser mais à la *douleur* qui vous entoure, comme un cercle de fer, et vous l'oubliez trop souvent, cette douleur qui s'insinue partout.

Faites une expérience.

Prenez le journal. Peu importe son titre. Peu importe le jour. Au lieu de laisser votre regard glisser sans voir, arrêtez vos yeux, essayez d'imaginer ce que cachent les titres, les phrases des journalistes. Ils sont habiles ceux qui écrivent pour vous. Je le sais pour l'avoir vécu : ils ont, avec mon drame personnel, rédigé les articles les plus sincères. Et pourtant ma douleur restait hors de leurs colonnes. Les choses étaient dites et il me semblait qu'ils ne disaient rien. Comme si dans un fruit n'existait que la peau.

Et vous ne lisez même plus. Vous lisez avec les yeux seulement. Vous ne cherchez pas à ce que les mots entrent en vous. Les journalistes racontent qu'une petite fille de huit ans à peine était martyrisée par ses parents. Battue à coups de lanière de cuir, piétinée, affamée. Elle hurlait chaque jour et personne dans les maisons voisines ne voulait entendre ses cris. Le frère aîné, dix ans à peine, réussit à faire parvenir une lettre écrite sur du papier d'écolier jusqu'à un poste de police. L'écriture était maladroite, l'enveloppe mal rédigée, le texte confus, mais un commissaire vint qui mit fin au martyre de cette enfant. Les journaux disent tout cela. Honnêtement. Et pourtant, est-ce leur faute, est-ce la vôtre, vous ne vous sentez pas vraiment concernés par cette douleur injuste qui frappe une enfant. Vous dites : « Mon Dieu, pauvre enfant! » Et vous tournez la page. Il restera si peu en vous de cette vie pourtant croisée, lue.

Vous apprenez qu'une jeune femme est morte atrocement brûlée dans un accident de voiture. Ou bien que la guerre continue. Ou que de jeunes prisonniers se suicident dans leurs cellules, que d'autres saccagent leurs prisons. Qu'on tire sur eux. Vous vous indignez un instant et vous tournez la page encore. Comment voulez-vous, direz-vous, partager toute cette douleur? En quoi devons-nous prendre sur nous de souffrir avec ces inconnus? Je vous demande de vous arrêter sur l'un de ces événements. De vivre un instant avec les acteurs de ces drames qui se perdent dans les pages trop pleines des journaux.

Imaginez.

Ne lisez pas seulement. Cherchez à deviner les visages, les choses, les douleurs telles qu'elles s'éprouvent. Essayez de comprendre. Cette femme est morte. Soyez un instant ses parents, ses amis. Voyez leur souffrance.

Partagez.

Pour ne plus être seul, jamais. Pour apprendre à franchir ce fossé dont vous vous étiez entouré. Pour découvrir aussi que votre sort n'est pas le plus tragique. Que la souffrance et la douleur sont partagées par tous. Que le monde vit autour de vous. Et parfois, parce que vous êtes complaisant avec vous-même, que vous vous attendrissez, vous oubliez la douleur des autres.

Faites une autre expérience.

Prenez votre entourage le plus proche. Je suis sûr que vous avez oublié ce qui est survenu aux uns ou aux autres. Tellement vous êtes préoccupé de vous. Parcourez par la pensée la vie de l'un des vôtres, ou de l'un de vos amis. Vous découvrirez que votre vie vaut la sienne. Et que la sienne vaut la vôtre.

Bien sûr, vous avez raison de penser à vous.

Mais il faut le faire pour mieux se connaître. Et parce que vous ne voyez plus les autres et la douleur du monde, vous vous enfermez en vous-même et vous faites ainsi naître en vous un mal inutile, superflu, dont vous êtes la seule origine et le seul responsable.

Vous ne me comprenez pas?

Il y a toujours en nous un refus de comprendre ce qui nous dérange. Et je vous dérange. Mais il faut que quelqu'un vienne bousculer vos habitudes de pensée. Pour vous aider à vivre mieux. A voir clair en vous. Je veux être celui-là. Je sais trop ce qu'il en coûte à ceux qui, par peur d'eux-mêmes ou par ignorance de ce qui les pousse à agir, refusent de se connaître. Ils sont alors les victimes des forces qui sont en eux et qu'ils ignorent.

Tous, nous sommes menacés par ce danger. Pensez à un épisode douloureux de votre vie. Ou à une de vos récentes colères. Ou bien à l'une de ces périodes de désespoir et de tristesse qu'il vous est arrivé de traverser. Cet instant, cet événement, votre désespoir, vous allez vous en souvenir. Même s'ils sont éloignés de vous. Vous allez revivre votre façon d'être et de penser à ce moment-là. Comment vous avez été submergé par la violence. Comment vous éprouviez à souffrir, à vous faire mal, un plaisir morbide. Souvenez-vous.

Arrêtez-vous de lire
Souvenez-vous

Maintenant que — si vous l'avez vraiment voulu — tout est présent, interrogez-vous sur votre comportement d'alors. Entendez les mots que vous avez prononcés, voyez les gestes que vous avez faits, cette porte que vous avez claquée. Ce coup que vous avez peut-être donné. Ou bien ces pensées noires qui vous ont enveloppé. Avec lesquelles vous vous êtes torturé.

Etes-vous sûr d'avoir pensé, agi comme il convenait? Peut-être avez-vous été injuste et cruel. Sans le savoir, sans le vouloir. Parce que d'abord vous vous êtes fait mal à vous-même.

Cet allié que vous avez — *vous-même* — vous l'avez rudoyé, soumis au désespoir, poussé à la colère. Vous avez été injuste et dur et cruel avec vous-même. Pourquoi voulez-vous trouver en vous-même maintenant un ami? Vous l'avez réprimé. Aujourd'hui il se cache. Il vous est hostile. Il ne répond plus à vos appels. Vous vous êtes fait à vous-même le mal trop souvent.

Vous avez peur de vous.

Vous craignez l'énergie et les forces de la vie.

Je vous demande de réfléchir encore. De vous souvenir de votre vie. De celles, de ceux que vous aimez.

Comment voulez-vous changer ce qui ne va pas en vous, vous épanouir, si vous ne vous connaissez pas? Comment voulez-vous rencontrer les autres si vous les ignorez?

Pour se connaître et les connaître, il faut se donner le temps.

Vous allez méditer une fois encore. Sur vous-même. Sur votre vie.

Choisissez un instant, une pièce où vous serez seul. Fermez les yeux. Laissez la confiance monter en vous-même. Rassurez cet ami — *vous-même* — que vous avez mutilé et étouffé. Et, en vous-même, laissez s'élever le récit de votre vie, courte ou déjà longue, peu importe.

Ce récit va, vous verrez, s'organiser autour de quelques épisodes principaux. Ceux qui vous ont fait ce que vous êtes. Méditez sur chacun d'eux.

Apprenez, grâce à ce récit, à vous connaître. Mesurez le mal que vous vous êtes fait à vous-même. Inutilement. Pourquoi? Regardez ces routes que vous vouliez prendre et auxquelles vous avez renoncé pour d'autres qui ne vous satisfont pas. Pourquoi le courage vous a-t-il manqué?

C'est vous qui devez, avec mon aide, répondre. En cherchant en vous. En faisant de vous-même un allié. Et c'est alors que vous ne serez plus seul.

Souvenez-vous
Écoutez le récit de votre vie
Fermez ce livre

Vous, vos pensées, vos rêves, votre vie,
VOTRE LIVRE

Répondez-moi, prolongez ma voix par la vôtre, ECRIVEZ, CONFIEZ-VOUS A VOUS-MÊME.

3

C'EST UN INSTANT UNIQUE

C'est un instant unique.

Lequel demandez-vous? Vous croyez d'instinct que l'unique doit se présenter sous les apparences de l'extraordinaire. Et que peut-être dans toute une vie, il ne se produira pas. Vous vous persuadez qu'il y a des vies médiocres, ternes, ou rien ne se passe sinon la chaîne des jours qui se déroule, et d'autres vies qui sont comme le jaillissement continu de feux d'artifice. Vous avez peur de ne jamais connaître l'une de ces fêtes intenses de l'existence, ou bien de ne plus pouvoir y participer. Parce qu'elles ont déjà eu lieu et que, maintenant, vous imaginez qu'il n'y aura plus d'instant unique. Vous avez tort.

L'instant que vous vivez, à la seconde précise où vos yeux se posent sur ces mots — les miens — les vôtres — est unique. Le saviez-vous?

Aviez-vous suffisamment réfléchi, par le passé, au mouvement inéluctable du temps? A votre vie qui est la somme de millions de parcelles uniques et non de quelques moments exceptionnels, énormes, et puis du désert autour d'eux?

Votre vie s'écoule et vous attendez qu'elle vous convie à un de ces grands spectacles qu'on appelle un « événement ». Vous vous levez le matin en vous disant peut-être : « Encore un jour où rien ne va arriver de ce que j'espère », et vous allez glisser tout au long des heures, jusqu'au soir, les yeux avides, dans l'attente, laissant le jour peu à peu disparaître, ne voyant même pas ce qui se passe autour de vous, l'esprit ailleurs, rêvant à vous ne savez même pas précisément quel feu d'artifice.

Savez-vous que votre vie s'écoule, que rien ne semble pouvoir la freiner?

Non.

Je sais que vous avez brûlé les instants uniques de votre vie, presque tous les instants, comme vous respirez. Sans le savoir. Vous étiez le fleuve, il coulait et vous entraînait.

Vous n'avez pas appris que l'unique est chaque seconde. Qu'il ne sert à rien de chercher l'extraordinaire. Qu'il est là entre vos mains, sous vos yeux, ce moment que *jamais* rien ne reproduira.

Vous lisez depuis cinq minutes. Elles sont pleines de votre pensée. Le ciel depuis que vous avez commencé cette page a déjà changé, des nuages ont filé vers l'ouest. La lumière est plus douce ou plus forte. Cinq minutes que personne ne pourra jamais reconstituer telles qu'elles étaient alors que vous les viviez sans même le savoir. Cinq minutes uniques. Cinq minutes extraordinaires.

Et cette succession dans toute vie, à chaque fraction du temps, de l'unique et de l'extraordinaire, nous n'en avons pas conscience. Nous regardions ailleurs. Nous sommes pareils à des affamés qui seraient assis sur un sac de blé, un blé aux grains mûrs et gros. Et l'affamé tend la main, mendiant au bord d'une route vide et parfois le vent lui apporte un peu de poussière de blé, un seul grain qui s'effrite vite. Et nous ne savons rien de ce sac sur lequel nous restons assis. Je voudrais vous apprendre à voir, à utiliser chacun des grains que vous possédez. Et ils sont innombrables puisque vous avez la vie.

Moi, je sais.

A plusieurs reprises dans ma vie, j'ai été dépouillé par le destin et l'action de l'homme, j'ai été laissé seul. Maintenant, et il m'a fallu tant de souffrances pour comprendre, je n'attends plus que le soleil explose pour m'étonner de la beauté du ciel. Chaque seconde de vie est un miracle. Chaque seconde a son visage unique. Chaque être, ceux que vous aimez et ceux, anonymes, que vous croisez dans la rue, est un miracle extraordinaire, changeant à chaque seconde. Mais, avez-vous songé à regarder les choses, les êtres, les paysages et d'abord vous-même, en vous disant : « Cela va passer, cela est déjà passé! »

Si vous aviez eu en vous cette conscience du mouvement de la vie, peut-être auriez-vous agi, regardé de façon différente. Parce que ce qui est unique est précieux et qu'on préserve, qu'on ne gaspille pas ce qui est précieux. Parfois, au milieu d'une pensée d'aujourd'hui, je m'interromps, j'essaie de me souvenir de ceux que j'ai perdus, les miens, ceux qui m'avaient mis au monde et ceux que j'avais mis au monde. Et voilà que je ne me souviens que de tels ou tels épisodes, si rares, parce que j'ai dilapidé, alors que les miens étaient là autour de moi, les instants uniques de leur vie. Je ne savais pas, ou pas assez. Je n'imaginais pas qu'une seconde de sommeil d'un enfant, la respiration tranquille qui soulève sa poitrine, un geste de son bras, ses petits poings fermés, tout cela est unique, extraordinaire, exceptionnel.

Et je voudrais trouver encore des mots plus forts.

Vous qui me lisez, *interrogez-vous*, mais ne laissez pas mes questions glisser à la surface de vous-même.

Faites un effort pour que mes questions entrent en vous. Répétez-les.

Adolescents, avez-vous regardé — pour saisir à jamais la tendresse de leurs yeux, la beauté douce de leurs traits — *regardé* vos parents, vos amis? Attention, la vie les entraîne comme elle vous entraîne aussi.

Ce visage qui vous semble éternel, n'oubliez pas qu'il est aussi fugitif et combien de fois plus éclatant avec son expression changeante et que vous ne voyez même plus que la plus immense gerbe du plus fantastique des feux d'artifice.

Et vous, qui êtes déjà père ou mère, regardez votre

enfant, penchez-vous sur ce corps qui va s'affirmer, écoutez cette voix qui va muer. Prenez cet enfant entre vos bras. C'est un instant unique. Pour lui. Pour vous.

Vous allez cesser de lire
Vous allez vous lever
Regarder autour de vous
Ceux qui vous sont chers
Ou simplement les choses
Pour comprendre
Que chaque seconde est unique
Chaque être, chaque chose
Miraculeux
Levez-vous, regardez
Fermez ce livre

Peut-être venez-vous d'apprendre qu'il faut saisir chaque instant, essayer de l'inscrire en soi. Que cet instant présent que vous négligez, que vous vivez sans savoir, il vaut tous les hiers et tous les demains. Parce qu'il est unique. A vous de connaître cela, de découvrir cette richesse. De ne jamais oublier qu'il faut vivre aujourd'hui cette seconde qui va disparaître. Qui disparaît déjà.

Certains ici sentiront monter en eux l'angoisse du temps qui jamais ne s'arrête, de la vie qu'on ne peut retenir. C'est vrai que l'eau coule, que la ride se creuse dans notre front, que disparaît ce visage aimé. Mais l'angoisse est vaine. L'angoisse s'efface quand on a su tenir chaque seconde entre ses doigts, la regarder. Quand on a su que chaque grain de blé, dans notre vie, est un germe qui contient toute la vie. Ce qui est insupportable quand le temps vient qui entraîne au loin ceux que l'on aimait, c'est de ne pas leur avoir donné tout ce que l'on pouvait leur offrir d'attention et d'amour. D'avoir préféré les chimères de l'avenir à leur présence, leur vivante richesse à des rêves ou à l'espoir d'un moment extraordinaire qui était eux, ce qu'on oubliait.

J'ai été comme vous. J'ai, moi aussi, je le sais maintenant, négligé trop souvent l'instant à vivre, les proches présents pour les mirages. Pour la course vers un but que je plaçais ailleurs.

Mais puisque vous avez la vie, vous pouvez changer votre attitude.

Méditez. Regardez cette personne près de vous, parent ou inconnu. Sachez qu'elle est unique. *Sachez* la voir, dans sa particularité qui fait d'elle tout un univers. Ne laissez pas votre attention pour elle s'user par la répétition puisque tout change, à chaque moment, le plus bref des instants. Vous savez bien, si vous avez un enfant, que chacun de ses cris, de ses gestes est différent. Il y a une inflexion de la voix, un poing qui se serre davantage. Alors si vous ne voyez pas la nouveauté, si vous dites tout se répète, c'est que vous regardez mal. C'est votre attention qui est usée, votre curiosité qui s'effrite. Ce n'est pas le monde, ce ne sont pas les autres qui perdent leur nouveauté, puisque chaque moment, chaque souffle est différent. Chaque nouveau regard est un nouvel univers qui s'ouvre si vous savez le saisir, le comprendre. Mais le temps passant, la vie qui vous est faite, souvent si difficile, ont affaibli votre curiosité. Et puis notre monde enferme les hommes et les manifestations de la vie — la nature, le ciel — derrière le ciment, l'acier, le verre. Hommes, femmes, mis en cage derrière les vitres opaques, dans les serres à air conditionné qu'on appelle bureaux. Hommes, femmes, circulant dans ces boîtes de métal qu'on appelle voitures, dans ces tunnels de ciment, métros, couloirs. Ce qui est inerte nous entoure et nous étouffe. Plus d'arbres autour de nous. L'herbe n'est plus couchée par le vent. Nous oublions le bruit que font les feuilles froissées. Rien. Nous sommes cernés par ce qui est inerte. Ciment, acier, matières froides et mortes.

Et en vous le ciment coule aussi. Celui des habitudes. Celui de la fatigue. Vous ne voyez plus avec vivacité, avec acuité, ceux qui vous entourent. Vous vous enfoncez dans la routine, dans l'ennui. Tout vous semble gris, morne. Tout se répète, dites-vous parfois. Et vous commencez à rêver au passé avec nostalgie. Vous embellissez ce qui vous est arrivé. Votre jeunesse vous la voyez comme un pays heureux que vous avez à tout jamais quitté. L'ami qui est parti, vous en faites le seul qui vous comprenait. La femme que vous avez aimée, vous imaginez qu'elle a emporté votre cœur et vos émotions pour toujours.

Ou bien, vous pensez à l'avenir qui va s'ouvrir, qui doit être, qui sera la grande fête de votre vie. Et demain risque de venir sans que rien ne se produise. Alors vous vous en voudrez à vous-même, à la vie.

Pourquoi ne pas retrouver d'abord votre curiosité pour ce qui se passe en ce moment même autour de vous? Pourquoi ne pas voir la richesse infinie de chaque souffle présent, de ceux qui sont près de vous à ce moment-ci de votre vie?

Retrouver cette curiosité, parce que le monde à chaque instant est différent, c'est retrouver, garder sa jeunesse. *Seuls ceux qui ont cessé de regarder, de s'intéresser, sont vieux.*

Je vous parlais, il y a peu, de l'âge selon l'état civil. Ce n'est pas ce chiffre qui dit l'âge, qui dit votre âge. C'est votre curiosité au monde, aux autres, à vous-même, qui dit l'âge que vous avez. Si rien ne vous intéresse, si le monde vous paraît aussi inerte qu'un bloc de ciment, alors vous êtes vieux, même si votre vie commence.

Mais, même si les années se sont accumulées, dès lors que vous savez voir, vous enthousiasmer pour ce qui se passe, *si votre attention reste en éveil,* si vous savez que rien ne se répète, que tout est toujours neuf parce que tout change, alors *vous êtes jeune. Et vous le demeurerez tant que cette curiosité restera en vous comme une flamme vive.* Peut-être êtes-vous convaincu par les mots que vous venez de lire. Mais ils restent hors de vous. Ils ne sont pas encore devenus votre ressort personnel. Vous êtes trop fatigué encore, votre curiosité est encore assoupie, comme si vous vous éveilliez difficilement ou bien comme si vous réappreniez à marcher après un accident.

Je vous comprends. Je sens que vous voudriez et

que vous ne pouvez pas encore. Vous êtes sûr qu'il vous faudrait être curieux, que là est la source de la jeunesse mais vous vous dites « Si je pouvais, bien sûr » ou bien « il a raison mais moi je ne sais pas, je ne peux pas, c'est trop tard ».

Puisque ce livre est entre vos mains, c'est qu'il n'est pas trop tard. Cela est ma certitude. Puisque ce livre est entre vos mains, c'est que la curiosité vous porte encore, que vous avez le désir et l'espoir d'une vie différente.

Alors tout est possible.

Voulez-vous essayer? Voulez-vous vous assurer que votre curiosité, votre intérêt au monde sont réels?

Chaque jour, mesurez une différence, attachez-vous à suivre le mouvement de la vie comme vous suivriez au fil de l'eau un morceau de bois emporté par le courant. Vous le verriez tourbillonner, disparaître et reparaître, jamais deux fois au même endroit. Vous avez autour de vous des êtres que vous aimez. Observez-les comme si vous les rencontriez pour la première fois. Ecoutez-les comme si leur voix vous était inconnue. Ou bien, ouvrez votre fenêtre, toujours à la même heure, celle que vous voudrez, et appliquez-vous à saisir à cet instant-là un angle du ciel. Vite vous découvrirez qu'il change, qu'il vous donne la mesure de l'infini mouvement de la vie.

Ou bien, si vous n'en possédez pas encore, achetez une plante et chaque jour suivez sa croissance, l'évolution de sa vie. Ou bien un animal, des oiseaux. Tant de moyens pour vous éveiller, vous faire découvrir à vous-même que votre curiosité ne demande qu'à s'épanouir, qu'il vous faut à peine une poussée, un élan.

Ce doit être ce livre, ces mots qui sont venus jusqu'à vous. Et vous pouvez aussi les communiquer à d'autres. Ouvrir à partir d'eux un dialogue. Suivre leur cheminement, toujours différent d'une personne à l'autre. Qu'est-ce que l'ennui? Qu'est-ce que la vieillesse quand on est vivant? Quand on sait regarder autour de soi le spectacle toujours changeant du monde et des hommes? Quand on sait s'interroger et les interroger? Quand on sait voir en soi et suivre en soi le lent travail de la vie.

Vous savez bien, puisque ce livre est entre vos mains, que vous avez une immense réserve d'enthousiasme, que votre curiosité ne demande qu'à s'épanouir, que donc vous êtes jeune. Il faut simplement que vous sachiez regarder autour de vous. Que vous sachiez accrocher votre vie à la force de la vie. Que vous brisiez ce ciment qui dans nos villes neuves nous emprisonne et s'infiltre en nous-mêmes. Il faut, et vous le pouvez, aiguiser votre curiosité, vous attacher à vivre chaque instant car ils sont toujours uniques. Et rien ne sert de chercher ailleurs ce qui est en vous toujours neuf et autour de vous toujours différent. Pensez à cet affamé assis sur son sac de blé et qui mendie alors qu'il possède de quoi satisfaire sa faim.

Mais il ne sait pas. Il ne connaît pas la richesse de son sac de blé. *Vous, imposez-vous de savoir.* Regardez. Achetez une plante. Suivez sa croissance. C'est déjà la vie visible, un moyen de lutter contre ce qui est inerte, autour de vous, en vous.

Regardez les autres, changeant. Vivez et émerveillez-vous de l'instant unique.

Vous allez maintenant fermer ce livre
Regarder
Méditer
Quelle décision avez-vous prise?
Où allez-vous placer cette plante
Dont vous allez vous occuper?
Avec qui allez-vous dialoguer
De ce que vous venez de lire?
Vivez l'instant unique
Fermez ce livre et agissez

MEDITEZ

Voilà déjà un long moment que nous sommes ensemble, que nous partageons des pensées et des mots.

Sont-ils vraiment devenus vôtres?

Etes-vous plus attentif à vous-même et au monde?

Commencez-vous à mieux vous connaître, à comprendre votre histoire? Le mal que vous vous êtes fait et aussi la douleur des autres?

Vous devez maintenant savoir qu'il y a en vous des FORCES IMMENSES de CURIOSITE, de DESIR, d'*ENTHOUSIASME.*

Vous êtes donc JEUNE. Et vous pouvez CHANGER VOTRE VIE.

Et VOUS n'êtes plus SEUL.

Parce que ce livre vous permet de PARLER avec VOUS-MEME.

Et que vous allez faire de VOUS un allié.

Vous allez DECIDER que chaque JOUR, CHAQUE JOUR, vous resterez CINQ minutes avec VOUS-MEME, SEUL.

Non pas la pensée vide, mais pleine de paix et de calme.

Vous serez debout, les bras le long du corps, les paumes ouvertes vers l'extérieur et vous inspirerez et expirerez lentement.

La paix, le calme, la résolution, la certitude entreront en vous. Les forces de la vie vous pénétreront.

NE COMMENCEZ PAS DEMAIN MAIS A CET INSTANT MEME.

Posez ce livre
Levez-vous
Inspirez lentement
Expirez profondément
Méditez
Fermez les yeux

Vous, vos pensées, vos rêves, votre vie,
VOTRE LIVRE

Vous avez QUELQUE CHOSE A ECRIRE, vous devez le faire naître, vous confier à cette page, vous libérer...

4

VOUS ÊTES AU CŒUR DU MONDE

Vous êtes au cœur du monde.

Et vous ne le croyez pas et vous ne le savez pas. Vous avez le sentiment d'être isolé, perdu même. Les autres, surtout dans les grandes villes, vous ne les voyez même plus. Vous marchez vite parce que les horaires vous commandent. Vous regardez les mannequins dans les vitrines, les devantures. Vous lisez votre journal, mais les visages des hommes et des femmes que vous croisez, les voyez-vous?

Vous êtes tellement habitué à être ainsi solitaire dans la foule que si quelqu'un s'adresse à vous, vous aborde ou semble seulement devoir s'approcher de vous, vous avez un geste de recul, instinctif. Vous avez peur. Celui qui vous parle, quel peut-il être sinon un mendiant, un voleur, un importun, un être étrange, anormal puisqu'il rompt la règle du silence. Il veut quelque chose de vous. Et vous n'entendez même pas ce qu'il vous demande, l'aumône ou un renseignement.

Vous vous détournez comme si de voir un visage vous effrayait. Vous pressez le pas pour retrouver cette sécurité, une foule d'hommes et de femmes qui se frôlent, se bousculent et ne se voient pas, ne se parlent pas.

Votre isolement vous rassure donc souvent. Et vous n'avez pas toujours tort d'être ainsi sur vos gardes. La ville est pleine d'agresseurs. Vous avez peur d'eux. Ils ont peur de vous aussi. Votre peur les attire et le besoin les pousse. Ils vous assaillent et ils en tremblent pourtant. Parfois, s'ils deviennent violents — et comme des bêtes affolées, ils tuent — c'est que la peur les aveugle. Je ne les excuse pas. Je ne les accuse pas. Je dis : « Comprenons-nous, moi, vous, les autres. »

Et d'abord sachez, vous qui marchez seul dans la foule, vous qui craignez l'agression, que vous êtes au cœur du monde. Comme n'importe qui. Et cette situation vous devez la connaître pour pouvoir en tirer plus de confiance en vous-même. Elle va vous donner la force.

Vous pensez peut-être que vous n'êtes ni président d'un grand Etat ni possesseur d'une immense fortune. Votre nom n'apparaît pas dans les journaux. Vous ne recherchez pas la gloire. Vous êtes ce que les sociologues appellent « un anonyme ». Personne ne se retourne sur votre passage quand on vous croise. Mais vous êtes au cœur du monde.

Parce que vous êtes unique. Bien sûr, vos enfants vous ressemblent. Vos parents vous ont légué une part d'eux-mêmes. *Mais vous êtes seul à être vous.* Vous êtes celui que n'égale aucun empereur, aucun président, aucune vedette. Dans la foule des milliards d'hommes, pas un ne reproduit exactement *votre* personnalité.

Avez-vous songé à cela?

Vous haussez les épaules, vous murmurez : « Et que m'importe, qu'est-ce que cela change à ma vie? »

Répétez ces questions!

Soyez hostiles à ce que je vous dis! Fermez ce livre si vous voulez, avec colère même. Avec le sentiment que je vous flatte. Indignez-vous. *Parce que je vais continuer à vous dire ces vérités essentielles que vous avez oubliées ou que vous ne voulez pas connaître.*

Je vous répète : « *Vous êtes unique.* »

Et c'est un scandale de voir l'homme oublier cette réalité, la plus extraordinaire de sa vie. C'est folie que de penser que l'homme ne voit que les apparences :

il croit alors qu'il n'est qu'un grain de sable, pareil à d'autres grains, ces hommes, ces femmes qui vont en foule vers leurs bureaux, qui peuplent les avenues, les magasins, et dont vous ne voyez plus, je le dis encore, le visage.

Je crie : « Prenez garde. »

Ceux qui ne savent pas, qui ont oublié ou auxquels on n'a jamais appris que chaque homme était unique, peuvent devenir des barbares, des bourreaux. Je les ai vus, moi, les « bêtes à visage d'homme » qui poussaient les miens, ceux de mon peuple, vers la mort, pendant la guerre cruelle. Qu'étions-nous pour eux? Rien. Moins que des grains de sable. Ils nous entassaient dans les wagons. Ils nous poussaient dans ces chambres où le gaz nous faisait mourir. Ils nous jetaient dans les fosses de sable jaune et nos corps devenaient sable. Vraiment. Rien n'est plus fragile qu'un homme. On le détruit si vite, si facilement! L'acier entre en lui sans effort. Et c'est si simple de le remplacer. Un wagon plein d'hommes était poussé vers la mort, un autre arrivait.

Mais, moi j'apprenais *l'unique de chaque vie.* Comment oublier alors ce miracle qui fait de chacun de vous *une forme unique* de la *vie?*

Comment accepter de voir confondue, détruite, cette *forme unique?*

Découvrez ce miracle en vous.

Imaginez une foule, innombrable, celle des soirs de fête, des parades, des matches sur les gradins des stades. Et dans cette foule chaque homme est différent. Chaque homme a son mystère. Sa vie unique.

Pensez à vous. A l'histoire des vôtres qui, par le mécanisme des hasards et de l'hérédité, vous a fait *vous.* Emplissez-vous de cette vérité : *Vous êtes unique.*

Et je voudrais que vous sachiez en tirer toutes les conséquences. Non pas l'orgueil. Il vous aveuglerait davantage que l'oubli de cette vérité sur vous-même. Vous êtes unique mais ne l'oubliez jamais, cette loi qui vous fait unique, elle fait chaque homme, chaque femme, quels que soient la couleur de leur peau, leur situation sociale, le lieu de leur vie, des êtres uniques comme vous.

Il y a des milliards d'*unique* sur ce monde.

Et c'est cela le mystère et la beauté et la grandeur de notre vie.

Chacun unique et tous soumis pourtant à la même loi de la vie.

Chacun portant en soi tous les secrets de la vie.

Vous avez vu, parfois, perler au bout de votre doigt, après une écorchure, une goutte de votre sang.

Là est tout le monde, l'univers avec ses milliards d'étoiles, ses distances qui se mesurent en années-lumière et la lumière parcourt 360 000 kilomètres à la seconde. Là est le secret de votre vie, de la *vie*. Elle s'organise en vous d'une façon unique. Ni vous ni moi n'arriverons à imaginer. Et pourtant il le faut, pour mesurer ce que nous sommes et savoir que nous portons les *trésors* de la *vie* en nous. *Nous sommes des messagers chargés chacun d'un unique message. Le plus précieux de tous : Nous.* Et c'est aussi le plus commun. Puisque des milliards d'hommes portent leur message, unique aussi. Imaginez une cellule vivante de votre sang. Divisez-la encore, encore. Descendez dans la division jusqu'à l'infiniment petit, ce noyau de la cellule, un milliard de fois plus petit que l'imperceptible. Là, enfin, vous découvrirez une *molécule*. Les savants l'ont appelée *molécule A.D.N.* (acide désoxyribonucléique). Il faut encore la briser pour trouver les atomes. Une molécule d'eau contient un atome d'hydrogène et un atome d'oxygène. Une molécule d'A.D.N. contient cinq sortes d'atomes : carbone, hydrogène, oxygène, azote, phosphore. Et parce que l'homme a su se donner les pouvoirs de la science on sait désormais que ces atomes sont disposés comme au long d'une double hélice. Qu'ils se groupent trois à trois, que cette organisation est le message, unique pour chacun de nous, qui change pour chacun de nous et qui, comme le code d'un alphabet secret, transmet certaines caractéristiques de génération en génération. Invente de nouvelles dispositions et nous fait nous.

Des milliards d'atomes, de molécules. Simples atomes : comme ceux qu'on trouve dans la nature, dans l'atmosphère : l'azote, l'hydrogène, l'oxygène, le phosphore, le carbone.

Réfléchissez

Je sais, vous n'avez pas le temps chaque jour de réfléchir à ces choses. La vie nous emporte. Il y a le travail à accomplir et les problèmes qu'il pose; la carrière qu'il faut défendre contre des concurrents et l'examen qu'il faut passer. Les ragots dont il faut se protéger. Les dents qu'il faut faire soigner. Le dernier-né qui a la fièvre et le médecin qui ne vient pas. Les parents qui tombent malades. Le travail qu'il faut trouver avant la fin du mois. Et aussi les prix qui montent; ce que vous vouliez acheter que vous n'achèterez pas. Et les feuilletons du soir à la télévision qui vous font rire. Et les nouvelles dans les journaux. Cette guerre là-bas. Cet accident spectaculaire ici. Ce film que votre ami veut aller voir. Et votre amour qui ne vous écrit pas. Et puis il faut dormir, se laver.

La vie de tous les jours, heureuse et malheureuse, la vie qui passe.

Moi, je vous demande de prendre le temps de *réfléchir*. Vous trouverez ce temps. Je le sais puisque vous avez ce livre ouvert devant vous. Que vous vous interrogez sur vous-même. Que votre vie vous intéresse et que vous voulez la voir s'épanouir. Comment le pourrait-elle si vous ne *réfléchissez* pas à la place que vous occupez dans le monde et à ce que signifie *votre vie*.

Or, ces atomes simples qui sont organisés en nous, et qui sont ceux que l'on retrouve dans tout l'univers, signifient que nous qui sommes, chacun de nous, uniques, appartenons par tout notre corps, dans ces particules les plus secrètes, à l'univers.

Regardez le ciel l'une de ces nuits où le vent balaie les nuages et laisse voir les millions d'étoiles. *Osez regarder ce ciel et comprendre que vous le portez en vous.* Que l'organisation de cette molécule A.D.N. est à l'image de tout l'univers.

Vous êtes un univers. Aussi immense, infini que l'univers. Ayez le courage de réfléchir à cela. Ayez le courage de prendre le temps, régulièrement, de *situer votre vie dans la vie* qui enveloppe le monde.

Car souvent ce n'est pas le temps qui vous manque pour réfléchir. On ne vous a pas appris à réfléchir. Ou bien vous avez peur de réfléchir à cela. Vous haussez les épaules. Ces pensées sont comme un alcool trop fort qui vous inquiète. Vous avez tort.

Apprendre à regarder ce double univers. Celui qui est vous et celui qui vous entoure, apprendre à comprendre qu'ils ne sont que les deux faces des mêmes lois, c'est découvrir que chaque homme, chaque femme, *vous,* possédez le *secret* du monde. Puisque vous êtes l'univers, le plus complexe, le mieux organisé et que vivant ce secret, le portant en vous, vous pouvez devenir — vous êtes déjà — *le centre du monde*. Et l'*énergie* de l'*univers* est en *vous*.

Vous allez arrêter de lire
Réfléchir
Au double univers
Faire lire ces pages à quelqu'un
Près de vous
Dialoguez avec lui
Expliquez-lui
Expliquez-vous

Je voudrais maintenant que vous en soyez persuadé : *Vous êtes le centre du monde puisque vous le portez en vous tout entier.* Quand vous regardez le ciel, l'infini, vous n'avez pas à vous sentir, comme certains poètes l'ont dit, écrasé. Vous n'êtes pas minuscule face à la grandeur, vous êtes aussi l'infini.

Mais il faut que vous le sachiez. Il faut que vous sentiez que cette connaissance de vous-même vous donne comme un souffle d'air frais et un grand vent de joie. Car vous êtes l'univers. Mais, je le répète, chaque homme, chaque femme, est pareil à vous. Vous êtes unique et vous êtes banal. Vous êtes comme le *tout* — l'univers — mais vous êtes aussi comme le *rien* — une simple masse d'atomes organisés.

A vous de réfléchir, à vous de saisir ces mots simples que j'emploie, qui sont les mots de tous les jours. A vous d'être orgueilleux et modeste de votre situation d'homme. Ne dites plus : « Je ne suis rien, ma vie ne vaut rien, si c'est cela la vie! » Ne vous lamentez plus. Vous avez l'univers en vous, son secret, son organisation. Vous êtes semblable au ciel le plus étoilé, le plus mystérieux.

Vous êtes encore sceptique. Ou plutôt, vous ne voyez pas ce que vous pouvez faire de ce que j'essaie de vous dire. « Un centre du monde? » Et vous hésitez entre le sourire et la mauvaise humeur.

Ecoutez, je ne suis pas parvenu à cette conclusion seul. On ne trace jamais sa route sans aide. Seuls ceux que l'orgueil aveugle le croient. Il y a toujours eu avant vous des hommes pour vous indiquer la direction ou pour commencer à débroussailler le chemin.

Mon père a été mon premier guide. Celui qui m'enseignait le courage et l'obstination de mon peuple et me donnait son exemple. Puis est venu un paysan. Il possédait à une centaine de kilomètres de ma maison une petite ferme dans l'une des régions les plus belles que je connaisse. Entre deux hautes crêtes dénudées et qu'il est difficile de gravir, il y a une vaste étendue plane où l'eau coule en abondance. Des arbres, de larges prairies, des rivières et des étangs. Chaque fois que j'allais voir celui que j'appelais Jo, j'étais surpris par le contraste. On franchissait une gorge étroite, taillée dans le rocher blanc et escarpé. On croyait qu'allait se dérouler devant soi un désert de pierres et, au contraire, c'était la douceur des zones herbeuses, le paysage d'une forêt épaisse. Jo cultivait une parcelle de cette plaine et il possédait aussi une partie de la forêt et de la crête rocheuse.

Je l'avais connu par hasard au moment où je m'installais sur la Côte. A ce moment-là il était encore ouvrier agricole, maçon aussi, et il avait aidé aux travaux de restauration de ma maison. J'avais aimé sa façon calme et sûre de travailler, comment il montait un mur de soutènement à l'ancienne sans que, entre les pierres, n'apparaisse une seule épaisseur de ciment. En soulevant les pierres, en les calant l'une sur l'autre, il avait une attitude pleine de noblesse et de sûreté. Je savais combien il est difficile de choisir, sans hésiter, la pierre qui va s'encastrer entre les autres. Il ne se trompait pas, il paraissait ne pas regarder mais son choix était le bon. Un jour il avait quitté le chantier : « J'ai assez maintenant, m'avait-il dit. Je vais acheter la ferme, là-haut. Vous viendrez me voir un jour, je le sais. Parce que vous êtes en marche. »

Je n'avais pas prêté attention à ces paroles obscures pour moi. Et surtout j'étais, à ce moment-là, pris par mes projets, ma famille. Pourquoi aurais-je écouté cet inconnu dont les compagnons de travail se moquaient? Il restait, en effet, assis, un peu à l'écart, au moment de la pause. Il lisait toujours le même livre qu'il m'avait une fois montré, une couverture sans titre et sans nom d'auteur. Plus tard j'ai revu chez lui ce livre à la reliure de cuir fauve. Il comportait de nombreuses illustrations représentant des étoiles, des fleurs, des animaux. Ce devait être un livre ancien et il me rappelait ceux que j'avais vus à Varsovie dans la famille de mon oncle. J'étais étonné de trouver un tel livre entre les mains de celui que je prenais alors pour un ouvrier agricole et un maçon. Nous sommes toujours victimes des apparences et je ne comprenais pas encore que la profession compte peu, que l'homme est derrière les apparences et que c'est lui qu'il faut chercher.

Et puis, mon drame a eu lieu. Le grand incendie a détruit ma deuxième vie, celle que j'avais construite et protégée, celle qui me paraissait éternelle et dont j'imaginais qu'elle allait se prolonger après moi, toujours. Je rêvais que mes enfants seraient venus autour de moi quand la dernière maladie se serait emparée de moi. Je m'étais trompé. C'est moi qui portais entre mes mains les urnes funéraires. Ils étaient morts, les miens, et je vivais.

Quand j'ai commencé à nouveau à regarder autour de moi. Quand j'ai pu sortir, je ne sais pourquoi mais j'ai été poussé vers la région haute, là où vivait Jo. Je ne savais pas que j'allais le chercher, que j'avais besoin de parler avec lui. Si quelqu'un m'avait dit : « Vous allez rencontrer Jo », j'aurais sûrement demandé : « Qui est Jo? » J'étais trop enfermé dans mes souvenirs les plus proches pour que le nom de Jo revienne ainsi à la surface. Pourtant, j'en suis sûr aujourd'hui, c'est lui que je cherchais.

Quand j'ai franchi la gorge étroite, là-bas, on l'appelle une clue, et que j'ai vu la large étendue de prairie, les arbres au fond et cette petite maison de pierre et de bois près d'une source, j'ai senti une impression de paix pour la première fois depuis l'incendie. J'ai arrêté ma voiture et j'ai marché lentement vers la maison. C'est alors que j'ai vu Jo. Il avait changé. Il me semblait être plus grand. Il portait les cheveux plus longs et une sorte de grand manteau de fourrure et de laine comme en ont les bergers. Sans que je dise un mot il m'a serré contre lui.

— Tu es venu. Je savais que nous nous reverrions, que tu viendrais un jour.

Jamais, avant, il ne m'avait tutoyé. Et aujourd'hui son tutoiement me paraissait naturel.

— Vous savez? ai-je demandé.

— Tu es en peine, a-t-il dit.

Il ne connaissait rien de l'incendie mais il avait compris. Plus tard il m'expliqua qu'il avait pensé à moi fortement, sans raison, et qu'il m'avait vu entouré de noir. Quand il m'avait aperçu, avançant vers lui, à ma seule façon de marcher il avait compris qu'un malheur m'avait frappé. Et, disait-il aussi : « Le malheur était dans l'air depuis quelques jours. »

Je n'ai jamais encore parlé de Jo. Je ne l'ai jamais cité dans mes livres précédents parce que je ne savais pas comment parler de lui sans le trahir. Je crois qu'il m'inquiétait et que j'imaginais qu'il était à la fois une sorte de sorcier et aussi un imposteur. L'un de ces paysans qui se font une réputation en inventant des histoires qui effraient. Maintenant j'ai compris et c'est pourquoi je parle de Jo.

D'abord il avait le livre, ce livre à couverture de cuir fauve que je lui avais vu feuilleter sur le chantier des années auparavant. C'était une sorte de traité de la nature qu'avait écrit l'un de ses ancêtres et qu'il avait retrouvé à la mort de sa mère. Il était écrit à la main, comme un journal, et l'auteur avait dessiné des animaux, des plantes, des étoiles qui, m'expliqua Jo, devaient jouer un rôle dans la vie de l'homme si celui-ci comprenait qu'il n'était pas seul représentant de la vie sur la terre.

Ce jour-là j'ai écouté attentivement Jo. Les mots qu'il avait prononcés me revenaient en mémoire. Je lui demandais pourquoi il avait été persuadé qu'un jour je serais allé le voir. Pourquoi il avait dit que « j'étais en marche ».

— Tu étais en déséquilibre, m'expliqua-t-il, et celui qui est en déséquilibre, que peut-il sinon se pencher d'un côté ou de l'autre? Toi, tu allais te pencher du bon côté, du côté de la vie. Certains basculent de l'autre côté. Mais je ne savais pas qu'il te faudrait l'incendie pour que tu me rejoignes ici.

Nous avons longuement parlé. Je suis retourné le voir et j'ai marché avec lui au milieu des prairies, dans les forêts de pins et sur la crête dépouillée. Il me disait :

— Tu vois, ma ferme a la douceur du pré, le repos de l'eau, l'épaisseur de la forêt et la vigueur du rocher. C'est cela une vie, un équilibre en toutes les parties de soi.

Je ne prétends pas écrire mot pour mot, avec les mots qu'il employait, mais je voudrais vous dire ce que j'ai retenu, les leçons qu'il me donnait et pourquoi je crois qu'il faut que vous les compreniez aussi.

Jo savait et vous devez savoir que l'homme est le cœur du monde. Quand nous nous promenions sur les routes désertes, la nuit, lui et moi, silencieux, sous la voûte d'un ciel si constellé d'étoiles, si pur qu'il en paraissait imaginaire, j'apprenais de lui qu'il faut toujours savoir regarder le ciel, toujours se souvenir de cette place qu'a l'homme sous le ciel infini.

Il me disait aussi, à sa façon, que celui qui sait qu'il est au cœur du monde peut *recueillir* toutes les forces secrètes du monde. Que des communications s'établissent, que rien n'explique sinon l'accord qu'un homme passe avec ce qui l'entoure : les autres d'abord mais aussi les animaux, mais aussi les arbres, les plantes et aussi, plus loin, plus haut, le ciel, la nature dans son ensemble.

Quand j'écris cela, je sais qu'il y aura des sceptiques pour sourire. Je ne cherche pas à les convaincre par des mots. Je leur dis : J'ai éprouvé dans ma chair qu'on peut, si on le veut, se mettre en harmonie avec le monde. Si l'on sait que l'homme est au cœur du monde, on peut recevoir du monde, des autres, les forces immenses, infinies qu'il recèle. Jo — Pourquoi? Comment? — avait compris cela et il m'a aidé à redécouvrir en moi cette loi. Ce livre qu'il lisait, écrit par l'un des siens, était une sorte de guide pour celui qui veut trouver l'accord avec ce qui est vivant. Et le monde est vivant. Mais le savez-vous encore?

N'êtes-vous pas, le plus souvent, perdu dans la foule, au milieu des objets, prisonnier des horaires, des soucis qu'on ne peut chasser. Prenez-vous le temps de *regarder* vraiment comme il faut le faire, les autres, le ciel, la nature vivante?

Comment voulez-vous savoir qui vous êtes, quelle est votre place dans l'univers, si vous vous enfoncez chaque jour davantage dans le tunnel de ciment que sont nos villes, nos métiers, nos occupations impérieuses? Comment voulez-vous établir avec ce qui est vivant, l'harmonie, les correspondances secrètes qui vous permettront de *recueillir* pour vous, en vous, toutes les forces de l'*univers*, si vous vous enfermez, si vous n'établissez aucun lien avec ce qui vit?

Apprendre à se situer dans le monde, apprendre à

regarder, à sentir, à retenir, à rassembler en soi, à donner aussi. Voilà ce que doit être l'une de vos préoccupations. Ce n'est pas une philosophie, une religion, une science de la vie. Mais réfléchissez.

Vous ressemblez à l'univers. Vous êtes le cœur de l'univers et vous êtes fait de la même matière que lui. Les mêmes atomes composent votre chair, votre sang. Seul diffère l'organisation de ces atomes, l'ordre de vos molécules. Mais vous êtes l'organisation la plus complexe, la plus fragile et la plus forte.

Et vous ne voudriez pas établir avec le monde des *relations?* Vous voudriez vous fermer sur vous-même? Faire comme si vous étiez un morceau de rocher, ou une forme inférieure de la vie?

Il y a dans l'univers des forces comme les épis dispersés dans un champ. Vous avez la capacité de les rassembler, d'en faire un faisceau, une gerbe. Chaque épi sera dirigé vers nous, vous donnera un peu de sa force. Mais, peut-être comprendrez-vous mieux si je vous dis que vous devez être comme une haute antenne dressée, orientée dans toutes les directions parce que de chaque parcelle de l'univers proviennent des émissions, des messages, des énergies et que vous devez être prêt à les recevoir. Alors s'établira une harmonie, alors vous aurez l'intuition d'événements et de possibilités qui vous échappent.

Savez-vous que certains animaux *pressentent* les tremblements de terre? Savez-vous qu'il est prouvé scientifiquement que certains d'entre nous ont un pouvoir de divination? Et des expériences ont été faites dans des universités américaines qui ne laissent aucun doute à ce sujet. Le hasard, les probabilités ne sont pas en cause. C'est autre chose qui intervient et qui permet, à certains d'entre nous — et Jo était de ceux-là — *de prévoir*, de *pressentir*, de *deviner.*

N'interprétez pas ce que je dis comme l'affirmation qu'il y a des forces occultes qui, souterraines, donnent à certains d'entre nous le *pouvoir* de savoir. C'est plus simple et plus mystérieux, peut-être.

Mettez-vous en accord avec le monde. Découvrez

votre place unique dans l'univers. Apprenez à reconnaître l'univers, à lier avec lui ces relations qui vont vous donner la *connaissance*, la *force*, et *libérer votre énergie*.

Pour cela, il vous faut prendre chaque jour le temps de penser à ces choses qui sont essentielles. Vous vous laissez toujours distraire par ce qui n'est pas important. Le plus important, c'est votre vie. C'est la *vie*, ce qu'elle est, quel sens vous devez lui donner. Le reste, ce ne sont que les détails nécessaires mais secondaires. Et nous nous enterrons sous les détails.

Alors, reprenez contact avec vous régulièrement
Alors, entrez en contact avec le monde vrai de la vie

Vous habitez la ville?
Avez-vous acheté une plante, si petite soit-elle?
Avez-vous consacré du temps à la regarder? A suivre sa croissance?
Si vous ne l'avez pas fait, faites-le. Pas demain, aujourd'hui. Et puis libérez-vous pour quelques minutes de toute contrainte. *Ce que vous avez à accomplir pour vous, avec vous, est plus important que tout ce que vous avez à faire.*

Apprenez à vous connaître
Pensez à vous
Pensez à votre vie

MEDITEZ

Vous allez vous lever
Et durant CINQ minutes
Vous respirerez lentement
Profondément
Les mains ouvertes le long du corps.
Les yeux fermés
Avec ce calme qui entrera en vous
En pensant que vous êtes
Comme la plante
Taillé dans la même matière que
L'Univers entier
Et que vous allez puiser
en lui votre force.
Parce que vous êtes prêt à accueillir
le message de la vie.
LEVEZ-VOUS
FERMEZ CE LIVRE
FERMEZ LES YEUX

Vous, vos pensées, vos rêves, votre vie,
VOTRE LIVRE

Ces quelques mots à la suite que vous allez écrire ici, que vous relirez plus tard, dans quelques années, je suis sûr qu'ils vont vous faire du Bien. Confiez-les à cette page comme si vous parliez à l'ami. ECRIVEZ.

5

VOUS ALLEZ DEVENIR VOUS-MÊME

Vous allez devenir vous-même.

Car vous ne savez peut-être pas avec assez de netteté que vous n'êtes encore qu'une ébauche de vous. Vous n'avez pas encore atteint l'épanouissement. Le savez-vous?

Je vous parle ainsi car j'ai connu ces instants où, peut-être parce que le silence tout à coup se fait dans la pièce, qu'on se trouve seul, une angoisse vous serre. Vous vous dites : « Ce n'est pas possible, je n'ai pas voulu n'être que cela. Je désirais plus. Je pensais que je pouvais un jour... » Et vos rêves reviennent, précis, et vous les comparez à la réalité. Et parce qu'il est trop difficile d'affronter votre déception, vous fuyez l'angoisse, vous appuyez sur le bouton de mise en route de la télévision ou de la radio. Ou bien, mais oui cela arrive, vous vous mettez à manger une douceur, du chocolat, ou vous allumez une autre cigarette et puis une autre. Il vous faut faire un geste, entendre du bruit. Et parfois, vous vous servez un verre d'alcool. Cela donne chaud au cœur, comme on dit.

En fait, vous avez pris la fuite.

Il est d'autres façons, plus habiles, de vous masquer à vous-même *l'angoisse que vous avez de ne pas être vous, de ne pas avoir réalisé vos désirs, de ne pas connaître l'épanouissement*. Ces façons de vous masquer, c'est la maladie. Pas toutes les maladies, bien sûr, mais nombre d'entre elles. Car, vous allez comprendre, la maladie peut rassurer. Mais oui. Quand on n'ose plus se prendre en main, quand on a le sentiment, faux, que la vie vous échappe, qu'on ne pourra plus être, devenir ce qu'on voulait avec tant de passion quand on portait encore en soi l'espoir, alors vient la maladie.

La maladie, c'est un problème qu'on connaît en apparence. Il y a des médecins qui la soignent. Et en la soignant on se rassure, on fuit le vrai problème qui est celui d'être *bien avec soi-même.*

Ne croyez-vous pas qu'il est plus simple, plus rassurant d'avoir une migraine dont on ignore la cause que d'affronter la question : *Quel est le sens de ma vie, comment puis-je devenir moi-même?* Une migraine cela se combat. Aux Etats-Unis on consomme 15 à 20 tonnes par jour d'aspirine, soit presque 45 millions de cachets! Et quand la migraine cesse il y a les maux d'estomac, les troubles digestifs et puis viennent l'*anxiété* et la *dépression.*

Il faut que vous me compreniez. Vous n'avez pas choisi vraiment d'être malade. Mais vous vous êtes mis en condition d'être malade et la maladie vous protège de problèmes bien plus profonds que vous n'osez pas ou que vous ne savez pas résoudre. Que vous n'osez même pas regarder en face.

Mais c'est encore trop simple. La maladie ce n'est pas seulement votre fuite, c'est aussi la *preuve,* le *signal d'alarme* de votre trouble personnel. Il n'y a jamais de maladie simple qui n'est que maladie de la chair, des os, des muscles. Vous êtes UN, fait indestructiblement d'un esprit — d'une pensée — et d'un corps. Et vous ne pouvez séparer l'un de l'autre.

Tenez, ouvrez votre journal, cherchez la page où l'on rassemble les accidents de la circulation. Pensez à l'une des victimes. Comment ne pas croire que là le hasard, la malchance sont les maîtres? Détrompez-vous. Pour une large part les accidents de la route sont *provoqués* par des hommes et des femmes dont les tensions caractérielles sont telles, les problèmes personnels si forts qu'ils *recherchent*, sans le savoir naturellement, l'accident. Ils conduisent vite, dangereusement. Ou bien leur inattention leur fait oublier le danger parce qu'ils le recherchent. Parfois, parce que au fond d'eux-mêmes il y a la volonté de mourir. Ils l'ignorent mais ils sont poussés par elle. Ou bien ils veulent se prouver qu'ils sont forts parce que dans leur vie quotidienne ils sont des faibles. Ou bien ils veulent se persuader qu'ils sont protégés par une bonne étoile, qu'ils sont immortels et qu'au dernier moment la chance leur permettra de passer à toute vitesse entre deux camions. Il arrive qu'un jour ils ne réussissent pas et vous dites en voyant le récit de l'accident dans les journaux : « Il devait avoir bu », ou bien « quel fou », ou bien encore « quelle malchance ».

Ce n'est rien de tout cela. Ce sont des hommes ou des femmes *en fuite* devant eux-mêmes, devant leur vie, refusant de reconnaître qu'ils ne sont pas parvenus à être eux-mêmes et qui choisissent la maladie, l'accident pour en finir où bien pour prendre une voie de « dérivation » où ils s'enliseront dans des solutions bien précises : acheter des cachets d'aspirine, aller voir un médecin et ne parler que de la maladie pour ne pas parler d'eux-mêmes, ne voir que la maladie pour ne pas se voir.

Regardez autour de vous : peut-être avez-vous une amie atteinte de dépression, soumise à la dure loi de l'angoisse. Elle ne dort pas. Elle perd l'appétit ou elle grossit. Elle n'arrive plus à s'intéresser à ce qui faisait son activité d'hier. Elle voudrait se coucher, s'enfoncer dans le sommeil et pourtant elle ne réussit pas à trouver le sommeil. Alors elle va chez le médecin. Demandez-lui si elle parle d'elle-même; elle n'ose pas. Ou bien elle pense que cela n'a rien à voir avec sa maladie, ou encore que ce n'est pas en évoquant ses problèmes personnels qu'elle sera guérie. Elle préfère décrire rapidement les symptômes de sa maladie. Et le médecin? Parlons des médecins. Je ne mets en cause ni leur conscience, ni leur compétence, ni leur dévouement. Mais êtes-vous allé chez un médecin? Vous avez vu la salle d'attente souvent pleine de patients qui sont là depuis longtemps. Ou bien si vous êtes seul vous savez bien que votre rendez-vous a une durée limitée. Le médecin, comme nous tous, est rongé par le temps qui passe, les « clients » qu'il lui faut voir. Alors on va vite, au plus pressé. Je connais une femme de 70 ans qui était atteinte de dépression nerveuse : un désintérêt général pour la vie. L'âge, un décès parmi ses proches. Elle fut reçue par un très grand psychiatre qui l'écouta durant cinq minutes, lui parla pendant cinq minutes, écrivit son ordonnance en deux minutes et lui serra la main douze minutes après l'avoir fait entrer dans son cabinet.

Pensez-vous que cela soit suffisant pour décider du sort d'un esprit? Quel génie pourrait en si peu de temps connaître toute une vie?

Car la dépression vient quand la vie tout entière est remise en cause. Certes, un événement ou la fatigue physique joue un rôle de révélateur mais la maladie ne « prend » que si toute l'existence est déjà sillonnée de lignes de faiblesse.

Mais cette vieille dame partait après ces quelques minutes avec une longue ordonnance : des pilules pour dormir et d'autres pour effacer les angoisses, puis des pilules pour se réveiller et d'autres pour se donner de l'énergie, plus ou moins administrées en même temps dans un vieil organisme pour atteindre à la moyenne. Comme si l'être humain se soignait par addition et soustraction : « J'ajoute 3 et 3, j'obtiens 6, j'enlève 4 et 2 j'obtiens 6. 6 moins 6 = 0. Madame, vous allez sous peu retrouver votre santé. » Comment ne pas s'indigner?

J'ai vu cette vieille dame, sous l'effet de ce traitement, perdre en quelques jours une partie de sa mémoire. Elle vivait assoupie, sans angoisse, il est vrai, mais transformée, les yeux ternes, ne réussissant même plus à saisir la fourchette, la main hésitante. J'ai téléphoné au médecin. « Qu'elle revienne, m'a-t-il dit, il lui faut une dose plus forte de remontant. » Je n'étais qu'un ami pour cette femme et je n'ai pu empêcher ses enfants de la conduire chez le médecin. Mais, heureusement, quand, après un nouvel entretien d'une dizaine de minutes, ils ont examiné l'ordonnance et qu'ils ont vu la longue liste de nouvelles pilules, ils ont d'eux-mêmes décidé de consulter un autre médecin, moins efficace apparemment mais plus compréhensif de ce qu'est l'âme et le corps de l'homme. Ce qui est arrivé à cette femme, des dizaines de millions d'hommes et de femmes le vivent puisqu'ils sont en proie eux aussi aux angoisses, à la dépression nerveuse. Aux Etats-Unis on dépense près de 300 millions de dollars par an pour acheter des tranquillisants! Etre déprimé est devenu la maladie de notre civilisation. Soigner avec des « pilules » qui doivent donner la paix de l'esprit, apporter le sommeil, l'enthousiasme, voilà trop souvent la solution qu'adoptent avec bonne foi et bonne conscience les médecins. Non seulement parce que c'est ce qu'on leur a enseigné dans les facultés de médecine mais aussi parce que c'est ce qu'attendent les malades.

Si un médecin conseille à l'un de ses patients : « Ecoutez-moi, votre trouble et votre inquiétude sont réels, votre angoisse est profonde mais, croyez-moi, ne prenez aucun tranquillisant, vous aggraveriez votre déséquilibre, essayez plutôt de déterminer les raisons de votre angoisse, confiez-vous à ceux qui vous sont proches, ouvrez-vous à eux, parlez, tentez de changer de vie. Peut-être ne supportez-vous plus la ville, votre métier. Essayez de vous reprendre en main. Faites des exercices physiques quotidiens. »

Pensez-vous que le malade sera satisfait de cette médecine raisonnable? Elle est trop exigeante. Elle demande un effort personnel, répété. Elle ne promet pas le miracle. Ce que vous attendez souvent d'un médecin, c'est d'abord qu'il vous rassure et qu'il vous console, qu'il vous promette le miracle. Ou bien, au moins, qu'il fasse disparaître les symptômes de la maladie. Avouez-le, ce que vous désirez souvent, c'est ne plus savoir, c'est ne plus souffrir.

Sur un point vous avez raison : la souffrance. Il faut tenter de la diminuer et même, s'il se peut, la faire disparaître. A une condition, c'est que, cette disparition, vous sachiez qu'elle ne fait pas disparaître les causes du mal. Si l'une de vos dents vous fait souffrir et que vous preniez plusieurs cachets d'aspirine, la douleur disparaîtra mais l'infection de la dent peut gagner la mâchoire sans même que vous vous en rendiez compte. *Car la douleur est un signe d'alarme.* La fièvre, par exemple, que l'on s'emploie à effacer par toutes sortes de drogues, est un moyen de défense de l'organisme. Et la maladie n'est elle-même, souvent, qu'un combat que le corps et votre esprit aussi livrent contre une cause de troubles en vous.

Or, que fait la médecine? Elle dresse une digue contre la maladie comme le font les constructeurs qui veulent interrompre le cours d'un fleuve. L'eau arrive, parfois, à être contenue mais comme elle est arrêtée sur un point et que le courant est fort, elle perce la digue sur un autre point. Vous aviez des douleurs dans la colonne vertébrale. Quelques piqûres et voici qu'elles disparaissent. Mais votre angoisse revient plus forte. Quelques pilules, l'angoisse ne vous ronge plus mais vous avez des rhumatismes dans les mains et les genoux. Ne serait-il pas plus simple de « descendre le courant » pour mieux le contrôler? La maladie, ne faut-il pas l'utiliser toujours pour combattre la maladie? N'est-ce pas cela le vaccin? Je ne suis pas médecin. Je sais les miracles qu'ils accomplissent. Je dis qu'il faut à chaque fois les consulter mais je crois que la santé est d'abord l'affaire de chaque homme et de chaque femme. Et qu'un médecin est impuissant devant un malade qui s'est abandonné. Et qu'au contraire, un médecin peut tout quand un patient a repris son destin entre ses mains.

Devenir soi-même, c'est d'abord prendre son *corps*, sa *santé* en *charge*. Ne pas l'abandonner à autrui, ne pas attendre le signal de la maladie pour découvrir que l'organisation complexe et fragile que nous sommes a besoin d'aide. Devenir soi-même c'est ne pas *détruire* jour après jour ce corps, cet esprit, VOUS, unique, vous qui êtes au *cœur* du *monde*. C'est donner à votre corps, à votre esprit — et n'oubliez jamais que l'un ne peut être séparé de l'autre — les moyens de s'épanouir.

Comment? Des charlatans, des guérisseurs, des médecins, des philosophes, des adeptes du yoga ou de la pensée chinoise, des végétariens et des frugivores, depuis qu'il y a des hommes sur la terre, cherchent à le soigner, à lui donner les moyens de trouver l'équilibre, le bonheur, la puissance ou la connaissance. Je ne suis qu'un homme pareil aux autres, semblable à vous, un homme qui a beaucoup souffert. J'ai beaucoup vu, beaucoup éprouvé dans ma chair. Si je compare ce que j'ai appris par les blessures reçues, par les événements auxquels j'ai assisté, à ce que j'ai appris par la lecture, je dirai que j'ai peu appris dans les livres. C'est la vie qui s'est saisie de moi et m'a donné ses enseignements. A grands coups de souffrance, à grands coups de surprises, parfois heureuses et souvent dures.

J'ai vu des hommes donner la mort. J'ai vu, tant de fois vu, qu'ils ne forment plus en moi qu'un seul corps immense, l'homme tomber frappé. Cet univers que chacun de nous est, je l'ai vu brisé d'un seul coup. Et j'ai vu la vie renaître, si fragile, si neuve, si miraculeuse. J'ai tenu entre mes mains le corps tiède et humide de mes enfants au moment où ils s'échappaient du ventre de leur mère. J'ai connu l'affreuse maladie. Le corps brisé quand on n'est plus qu'une plaie. J'ai connu le désespoir quand on essaie d'en finir avec le monde en cherchant à en finir avec soi. J'ai vu la guerre et le feu. Pour tout cela, par tout cela, je sais. Un peu.

Et je veux vous dire ce que j'ai appris. Ce ne sera pas technique savante ou comparaison entre les religions. Je ne vous dirai pas qu'il faut pratiquer le yoga ou se nourrir exclusivement de fruits. Je vous dirai ce que j'ai expérimenté. Ce que je crois vrai. Ce que je fais. Ce que je pense devoir dire.

Vous allez devenir vous-même.

Et votre premier effort doit être pour vous *saisir* de votre corps. Et par là même vous saisirez votre esprit. Car vous ne pouvez contrôler l'un sans l'autre. Voyez ce jeune enfant, il apprend à marcher, il est à quatre pattes, il tente de se lever, il retombe, maladroit et obstiné. Il recommence. Puis il va essayer de prendre un objet, il le porte à sa bouche, comme s'il voulait le dévorer pour mieux le *saisir*, s'en emparer pour mieux *comprendre*.

Vous qui n'êtes plus un nouveau-né, êtes-vous sûr de bien disposer de votre corps? De n'être pas aussi maladroit que ce jeune enfant?

Essayez un exercice simple.

Levez-vous. Joignez vos jambes, les talons collés au sol et pliez vos genoux de façon que vous soyez accroupi. Faites cet exercice les bras tendus devant vous à l'horizontale. Ce n'est rien. L'avez-vous accompli facilement? S'il vous a été difficile, mesurez combien votre corps vous échappe dans un des mouvements les plus simples, combien il faut, et rapidement, que vous vous repreniez en main pour que ces gestes, les plus naturels, vous redeviennent familiers. Car, regardez l'enfant, il se baisse et se plie. Son corps a toutes les souplesses. Il touche de sa bouche son orteil.

Il ne s'agit pas pour vous de retrouver cette souplesse perdue qui est le propre d'un moment passager de la vie, mais de ne pas devenir un squelette rigide.

Essayez un autre exercice. Inspirez lentement, gardez les jambes tendues et, en vous baissant, bras tendus, essayez de toucher le sol. Ne forcez pas mais mesurez seulement combien vos muscles sont engourdis, comment votre corps résiste à ce qui n'est que le plus simple des mouvements.

Ne haussez pas les épaules devant ce qui vous paraît peut-être comme anodin et un peu enfantin et peut-être un peu ridicule. Vous risquez, sans même le savoir, d'être pour toute votre personnalité à l'image de votre corps : lourd, sans souplesse, rigide. Comment vous adapter à la vie, si fuyante, si mobile, si vous avez perdu votre mobilité et votre souplesse?

Voulez-vous devenir vous-même?

Décidez, pas demain, mais à cet instant, que vous reprendrez votre corps en main, que vous allez lui rendre la souplesse perdue. Il n'est pas nécessaire de concevoir des exercices compliqués venus de l'Inde ou de la Chine. Simplement, *chaque jour*, le *matin* — et bientôt aussi le soir —.

Vous respirerez et inspirerez lentement profondément.

Vous concentrerez votre attention sur cet acte si simple que vous allez accomplir comme un exercice de *volonté.*

Puis, *vous fléchirez cinq fois sur vos talons*

Puis, *vous tenterez de toucher le sol de vos doigts tendus, vos jambes restant jointes et tendues.*

Ne dites pas : c'est trop simple.
Ne dites pas : cela m'ennuie.
Ne dites pas : cela ne sert à rien.
Ne dites pas : aujourd'hui je n'ai pas le temps.
Commencez.
Réglez vous-même votre rythme.
Mais chaque jour accomplissez ces trois exercices, ils sont prise de possession par vous-même de vous-même.

Vous allez devenir vous-même
Et vous le pouvez, si vous le voulez
Vous allez poser ce livre
Vous allez méditer ce que vous venez de décider avec moi
Vous allez commencer aujourd'hui

Vous devenez vous-même puisque, si vous exécutez les exercices physiques simples — respiration, flexion — votre corps peu à peu, il y faudra plusieurs jours, se plie plus précisément à votre désir. Vous diminuerez ainsi l'intervalle qui sépare ce que vous voulez de ce que vous pouvez.

Songez-y, il existe des hommes, faits de la même chair et des mêmes muscles que vous, qui réussissent à contrôler les mouvements des organes qui nous paraissent les plus indépendants; ils ralentissent à leur gré le rythme cardiaque, ils provoquent les mouvements de leur intestin, ils ont une connaissance si précise des mécanismes de leur corps que presque rien ne leur échappe. Ils peuvent, parce qu'ils savent avec précision isoler leurs centres nerveux, percer leurs joues d'une longue aiguille d'acier. Ils résistent à la douleur ou, mieux encore, ils la font disparaître.

Vous et moi ne pouvons accéder à ce degré de connaissance et de contrôle. Il est le résultat du travail de toute une vie dans le cadre d'une longue tradition orientale qui n'est pas la nôtre. Mais regardez ces hommes que parfois on appelle des « fakirs », il n'y a rien en eux qui échappe à votre univers. Ils n'appartiennent pas à une race supérieure. Ils ne détiennent aucun secret venu d'ailleurs. Leur maîtrise d'eux-mêmes est simplement le fruit d'un entraînement intensif, d'une volonté aguerrie qui s'est déployée dans une seule direction : le contrôle de leur corps.

J'ai connu une femme qui ne pouvait entrer dans un ascenseur. Dès que la porte palière se refermait, elle rougissait, elle étouffait. Il lui semblait qu'elle étouffait, que l'ascenseur allait rester en panne. Vous avez sûrement dans votre entourage l'une de ces personnes que l'étouffement tout à coup submerge, dont on disait autrefois qu'elle « avait des vapeurs ». En revoyant il y a quelques jours cette dame, en constatant qu'une fois encore elle refusait d'emprunter l'ascenseur, je pensais au yogi que j'avais rencontré à San Francisco, un homme maigre à la peau cuivrée, les yeux brillants, les cheveux très noirs, luisants, tirés en arrière. On sentait, seulement en le regardant marcher, qu'il était sûr de chacun de ses muscles, qu'il suivait intensément leurs mouvements et que chaque geste instinctif pouvait devenir pour lui un geste contrôlé. Il faisait une tournée aux Etats-Unis, mi-spectacle, mi-initiation. Chaque fois il recevait dans un des salons d'un grand hôtel une assistance choisie avec laquelle il discutait et devant laquelle il exécutait quelques-uns de ses « tours ». Je me souviens de l'un d'entre eux. Il se couchait dans une longue boîte qui ressemblait à un cercueil. Une boîte hermétique. On vissait le couvercle et il pouvait demeurer ainsi plusieurs heures. Il affirmait plusieurs jours. Un autre yogi était ainsi resté couché dans un cercueil de verre, avec une petite réserve d'air, tombant dans une sorte de sommeil ralenti.

Ni vous ni moi ne sommes des fakirs. Ni vous ni moi ne sommes capables de contrôler à ce point nos fonctions. Mais nous devons savoir que des hommes peuvent cela. Et nous ne devons pas accepter d'être soumis à nos impulsions, à nos peurs, à notre angoisse, comme cette dame qui dans un ascenseur a la sensation qu'elle va connaître l'asphyxie. Car, regardez-la, regardez-vous si vous êtes sensible aux mêmes terreurs, elle s'étouffe vraiment comme si l'air lui manquait alors que l'air circule librement entre la porte de l'ascenseur et la paroi. Et pourtant l'air lui manque. Peu importe la réalité. Elle vit ce manque d'air. Quelle meilleure preuve de la puissance de notre imagination, de notre esprit sur notre corps, sur ce qu'il ressent?

Voilà ce que vous devez essayer de maîtriser. Voilà ce que vous devez savoir si vous voulez devenir vous-même, c'est-à-dire ne pas être esclave de ces terreurs qui sont en vous, dont vous ignorez l'origine et qui peuvent transformer votre vie en enfer. Vous ressentirez les effets de la maladie même si vous n'êtes qu'un « malade imaginaire ». Et vous serez atteint de ces maux d'aujourd'hui : dépression, angoisse, abattement, qui sont des maladies graves de l'imagination.

Si vous avez conscience de ces périls qui guettent l'équilibre de votre corps et de votre esprit, il vous faut ne pas laisser au hasard, ne pas abandonner aux seuls instincts, votre comportement.

MÉDITEZ

Je vous ai indiqué quelques exercices élémentaires. Les avez-vous faits?

Arrachez-vous à votre journée les cinq minutes nécessaires à votre respiration régulière?

Accomplissez-vous les deux mouvements de votre corps que je vous ai conseillés : flexion, inclinaison?

Avez-vous acheté cette plante qui vous permettra de suivre, jour après jour, le cheminement de la vie?

Tout se tient : l'intérêt pour la vie, la respiration, les exercices physiques. Si vous n'avez rien fait de tout cela à quoi bon continuer votre lecture? Je vous dis : abandonnez ce livre, donnez-le. Il n'est pour vous qu'un objet inerte, une pierre que vous touchez du bout de votre pied et que vous repoussez. Il n'est pas devenu votre livre. Il reste extérieur à vous. Et ce livre ne vaut que s'il est entré en vous, si les mots que vous lisez vous habitent, s'ils sont vôtres au point que vous en parliez autour de vous.

Ce livre est-il vôtre vraiment?

Reprenez quelques pages déjà lues. Et les relisant, méditez sur vous-même. Demandez-vous si votre vie vous est plus claire, si vous voulez vraiment devenir vous-même.

Le voulez-vous?

Vous allez fermer ce livre
Méditer
Respirer lentement
Profondément
Vous voulez devenir vous-même
Vous allez devenir vous-même
Fermez ce livre
Fermez les yeux

Vous, vos pensées, vos rêves, votre vie, VOTRE LIVRE

Ne recommencez pas encore à lire ce livre, lisez en vous les mots que vous portez. Prenez-les entre vos mains.

ECRIVEZ-LES sur cette page, LIBREMENT.

Vous serez mieux, plus LIBRE d'avoir LIBREMENT écrit.

ECRIVEZ les mots qui sont vôtres.

DEUXIÈME PARTIE

LES CINQ SECRETS DE VOTRE AVENIR

6

SACHEZ CE QUE VOUS VOULEZ, SACHEZ VOUS FAIRE AIMER

Vous vous souciez de votre avenir. Vous voulez qu'il soit le meilleur possible. Qu'il vous permette enfin de réaliser ce que vous espérez. Pour vous, pour ceux que vous aimez. Souvent, en achetant un journal, votre première lecture est l'horoscope. Vous connaissez votre signe astrologique — et je connais le mien, c'est vrai — et vous cherchez rapidement ce que l'on vous annonce pour les jours à venir. Vous dites que vous ne croyez pas vraiment à ces prédictions mais vous les lisez avec avidité et vous êtes déçu parce que toujours elles sont vagues, imprécises. L'astrologue doit satisfaire la curiosité de dizaines de milliers de personnes qui sont du même signe astrologique que vous. Comment pourrait-il s'aventurer à des prédictions détaillées qui ne pourraient être vraies pour chacun des natifs de ce signe?

Votre curiosité pour votre avenir est légitime. Vous avez raison de vouloir savoir et l'astrologie dans son principe général contient une part de vérité. Puisque nous faisons partie de l'univers, que nous tenons à lui par toutes les parties de notre corps et de notre esprit, que nous recevons les radiations plus ou moins fortes du soleil et des planètes, que nous sommes entraînés par le mouvement de rotation de la terre et que dans son déplacement régulier toute notre galaxie nous entraîne aussi, pourquoi ne serions-nous pas soumis à ces rayonnements, à ces mouvements? Les océans ne sont-ils pas entraînés par la lune dans le flux et le reflux des marées? Qui peut affirmer que notre esprit, notre corps, si réceptifs, si complexes, ne sont pas eux aussi capables de recevoir des influences venues du fond des cieux? Et l'enfant né en janvier, au cœur de l'hiver alors que règne la nuit, pourquoi n'en porterait-il pas une marque, différente de celle de l'enfant né en août, alors que domine l'éclatante lumière du soleil?

On comprend que les lieux de naissance, l'heure de la mise au monde soient aussi des facteurs qui déterminent les caractères. Le Capricorne est différent du Lion, je veux bien l'admettre. Mais comment accepter que, jour après jour, nos actes soient déterminés dans leur déroulement quotidien par le lieu, le jour et l'heure de notre naissance?

Cherchez autour de vous quelqu'un qui soit du même signe astrologique que vous. Comparez votre vie à la sienne. C'est comme si vous essayiez de superposer deux labyrinthes. Peut-être les origines sont-elles les mêmes mais par la suite les tracés se diversifient et même, si parfois ils se ressemblent, vous savez bien qu'ils sont différents.

Parce que c'est le principe même de notre vie que d'être unique pour chacun de nous. Il n'y a pas deux chemins qui se superposent exactement. Votre vie est votre création, votre façon de réagir au monde.

Bien sûr il y a des tempéraments, des caractères qui se ressemblent. Tous les natifs du Capricorne ont peut-être ainsi des dispositions voisines. Ils sont plus graves — j'en connais bien quelques-uns — que ceux qui sont nés sous le signe du Verseau ou des Poissons. Mais ce n'est là que l'origine.

La terre vaut par elle-même, mais, de deux bonnes terres, grasses, fertiles, celle qui donnera la moisson sera celle qui aura été plantée, labourée, arrosée.

Le secret de votre avenir, il n'est pas dans les horoscopes hebdomadaires, dans les jeux de cartes, dans les boules de cristal des voyantes. *Votre avenir vous le tenez entre vos mains.*

Je veux vous apprendre à décider de votre avenir. Je veux que vous puissiez compter sur vous-même. Car il ne suffit pas de décider, il faut être sûr de soi.

Que vaudrait le conducteur qui, partant pour un long voyage, n'aurait pas fait vérifier son moteur et n'aurait pas fait remplir le réservoir d'essence?

Etes-vous sûr de ne pas vous comporter ainsi? Etes-vous sûr d'être suffisamment prévoyant?

Vous avez de grands désirs, vous souhaitez obtenir ceci ou cela mais vous êtes-vous posé cette question élémentaire : « Qu'est-ce que je souhaite vraiment au fond de moi? Quelle est ma vérité? Le vrai désir qui n'appartient qu'à moi? »

Nous vivons, en effet, dans un monde dont les images nous pénètrent. Chaque jour nous sommes soumis à une propagande puissante. Ce n'est pas seulement une propagande politique! Celle-là a peu d'importance car vous la reconnaissez. Elle ne se masque pas. L'autre, la plus forte, c'est celle qui nous donne par les films, les commentaires, l'idée que nous devrions vivre comme ces acteurs que nous voyons agir sur les écrans de la télévision. Sans même que vous vous en rendiez compte ils vous plient à leurs désirs. Et vous voulez les imiter.

Vous croyez qu'il s'agit d'une volonté profonde qui est en vous, qui correspond à votre caractère, à un vrai besoin qui serait dans votre âme.

Vous n'êtes qu'un reflet, l'écho de ce que vous entendez. Votre volonté n'est que la volonté d'autrui.

Parfois il s'agit de vous vendre quelque chose. Et c'est la sordide loi de l'argent qui s'impose à vous. J'écoutais une femme qui parlait dans un avion, assise devant moi. Elle se souciait de l'aménagement de sa maison. Elle disait : « Je veux que la forme de mes éviers soit ronde parce que les éviers rectangulaires, cela ne se fait plus. Le rectangle est d'ailleurs moins beau que le rond. Et je voudrais aussi que le plan de travail, dans cette cuisine, soit en bois. J'ai vu dans un magazine que les Scandinaves font de plus en plus des cuisines où l'évier est encastré dans un plan en bois. C'est très beau. C'est ce qui se fait aujourd'hui. »

Elle exprimait ses souhaits et il s'agissait pour elle de vrais souhaits. Mais elle n'était qu'écho. Elle répétait, sans même se rendre compte qu'elle subissait ce que d'autres dans des bureaux avaient imaginé pour eux-mêmes ou pour que, un peu partout dans le monde, des femmes comme celle que j'écoutais décident de renouveler leur mobilier et voient le beau, tous les trois ou quatre ans, sous des aspects différents. Ainsi les usines de meubles, les décorateurs, les fabricants de gadgets de toutes sortes continuent à se développer. Et peu importent le gaspillage, l'utité et les besoins réels.

J'ai pris cet exemple sans importance. Mais il en est de bien plus graves. Suivre la mode, succomber à la propagande subtile qui chaque jour nous présente des genres de vie qui ne nous correspondent pas, c'est risquer d'adopter un comportement, des habitudes qui vont nous nuire profondément.

Regardez, voici la séquence d'un feuilleton à la télévision. Le héros est un homme jeune, beau, courageux, efficace. Et voici l'héroïne aux longs cheveux. Ils sont assis face à face. Et naturellement, le héros allume une cigarette. Le geste est simple. Il fume avec plaisir. Et l'héroïne est amoureuse et allume à son tour une cigarette que le héros lui offre. Il ne s'agit pas d'une publicité pour une marque de cigarettes mais de l'image d'un feuilleton que je regardais chez moi, pris comme vous par l'action.

Comment, vous qui le regardiez, ne considéreriez pas comme naturel, comme beau, comme séduisant, ce geste de prendre une cigarette, de l'allumer, de la fumer avec délectation?

Vous fumez?

Alors souvenez-vous de votre première cigarette. Vous avez toussé. Vous avez eu, peut-être, envie de vomir. Mais il fallait passer sur ces désagréments pour accomplir ce geste qui vous paraissait être une preuve de votre passage de l'enfance à l'adolescence. Vous deveniez quelqu'un, comme ces adultes qui fument cigarette après cigarette. Et bientôt ce geste que vous vous êtes décidé à accomplir parce que vous subissiez une « propagande », ce geste est devenu une habitude, une nécessité. Et vous souffrez quand vous n'avez pas de cigarette. Vous vous dépêchez de sortir pour acheter un nouveau paquet. Vous en offrez. On vous en offre. Vous tentez de vous arrêter de fumer parfois parce que le matin, en vous levant, vous toussez et que c'est désagréable, dangereux même, dit votre médecin. Mais cela vous est pénible, impossible, pensez-vous. Et puis il y a ces images à la télévision, ces acteurs qui fument avec tant de plaisir. Pourquoi pas vous? Ce n'était pas vraiment *votre* souhait. Vous avez succombé à la « propagande ». Et ce n'est encore rien. Ce n'est pas le plus grave. Il y a ceux qui succombent aux séductions de la drogue. Parce que dans le groupe où ils vivent, la « loi », la « mode », la « propagande » se font en faveur de la drogue. Combien de jeunes gens se sont ainsi perdus parce que des aînés, qu'ils admiraient, étaient eux-mêmes des drogués! Et la première cigarette n'est jamais que peu de chose, n'est-ce pas? On se dit que ce sera la dernière.

Il y a ceux qui succombent aux séductions de la violence. Le milieu dans lequel ils vivent reconnaît simplement la force comme loi. Et ils se soumettent à cette loi. Ils veulent, eux aussi, montrer qu'ils sont capables d'user de la violence.

Il y a ceux qui croient que l'amour n'est qu'une façon de prêter son corps. Parce qu'ils ont imaginé, spectateurs de trop de films, lecteurs de trop de magazines, qu'il fallait agir ainsi. Et ils se soumettent à cette « propagande » et ils se croient « libres » alors qu'ils ne sont que les « esclaves » d'une mode.

Il y a ceux qui veulent ressembler — dans leurs corps — à des modèles inaccessibles et qui se martyrisent en eux-mêmes pour tenter de maigrir ou de grandir ou de donner à leur poitrine la dimension que la mode impose.

Il y a tous ceux qui répètent ainsi des gestes qui ne sont pas les leurs. Et qui perdent leur *vérité, leurs vrais besoins*. Qui se laissent imposer de l'extérieur une *autre vérité*, de *faux besoins*.

Il n'est pire maladie que ces erreurs que l'on commet à propos de soi.

Vous n'êtes plus qu'un errant perdu dans un labyrinthe.

Vous cherchez à atteindre un but qui n'est pas *vraiment vôtre* et vous vous battez pour cela.

Vous dépensez des trésors d'énergie et d'habileté. Parfois vous vous séparez de ceux que vous aimez parce que vous croyez que vos désirs sont ailleurs, qu'ils ne se réaliseront que si vous abandonnez votre famille!

Et puis une fois le but atteint, vous découvrez que ce que vous tenez entre vos mains est *vide*.

Parce que ce n'était pas vraiment votre désir qui vous poussait mais bien ce que les *autres* vous avaient imposé, sans que vous le sachiez, grâce aux mille fils imperceptibles comme ceux d'une toile d'araignée et qui sont les fils de la vie sociale.

Si vous ne réussissez pas à obtenir ce que vous croyez désirer, c'est que précisément ce désir n'est pas le vôtre.

Je connais une femme qui approche la soixantaine. Elle a un mari attentif, trois enfants et déjà deux petits-enfants. Elle est en bonne santé. Toute sa vie a été protégée par l'amour des siens. Mais elle avait cru dans sa jeunesse qu'elle était faite pour une grande vie aventureuse, devenir vedette ou épouse d'un riche homme d'affaires. Il suffit de la voir s'occuper de ses petits-enfants pour savoir qu'elle était en réalité parfaitement faite pour la vie qu'elle a menée : vie familiale tranquille et douce. Et pourtant, écoutez cette femme : sa voix ne porte que plaintes et regrets. Elle en oublie les plaisirs profonds de sa vie présente qui lui sont aussi indispensables qu'à d'autres les aventures. Elle a devant les yeux cette vie qu'elle a un instant rêvée, que des romans ou le cinéma lui ont imposée. Et ce faux but qu'elle voulait atteindre, et qui lui a échappé, détruit son bonheur actuel qui est pourtant ce pour quoi elle était faite. Comment appeler cela autrement qu'une *tragédie*?

Bien sûr, il y a des événements plus tragiques. J'en ai connu qui ont labouré ma vie de leur lame de fer mais quand je vois le visage de cette femme qui a tout pour être heureuse et qui détruit lentement ce bonheur par une insatisfaction superficielle, mon cœur se déchire.

Car je sais qu'il suffit parfois d'un regret pour ronger une vie.

Je sais que nous portons en nous un *capital* qui n'est pas infini, d'énergie et de volonté. Que si nous les gaspillons, notre capital s'use et, c'est la dure loi de la vie, ne se renouvelle pas. Parce que nous vieillissons. Si nous dilapidons notre *énergie psychique* en d'inutiles combats, dans la poursuite de buts secondaires qui, au fond, ne sont pas essentiels à notre vie, nous *serons épuisés* et nous ne serons pas heureux.

Je me souviens de cet homme d'affaires qui n'avait pas encore cinquante ans. Immensément riche, il venait d'acheter un terrain non loin de chez moi. « Je vais faire construire ici une grande maison, disait-il, je vois déjà la piscine entourée de cyprès. » Je l'écoutais. Il me suffisait de le voir courir vers mon téléphone à chaque sonnerie pour savoir qu'il ne trouverait même pas ici, dans cette retraite de vacances, la paix, le repos. Pourquoi ne diminuait-il pas le rythme de ses affaires maintenant qu'il avait atteint un sommet? Je savais qu'il serait *dévoré* par sa propre réussite.

Et vous êtes peut-être *dévoré* par vos propres désirs.

Vous n'êtes pas immensément riche. Vous n'êtes ni banquier ni dirigeant d'entreprise? Là n'est pas la question. Vous pouvez vous soumettre à la *torture* d'un désir que vous ne pouvez réaliser.

Vous pouvez rechercher inutilement une *perfection absolue* que vous n'atteindrez jamais parce qu'elle n'existe pas. Peut-être est-ce seulement le fait qu'en rentrant chez vous dans votre appartement votre première pensée est : « Il n'est pas propre, ces parquets ne brillent pas, la poussière s'entasse sur les meubles, le désordre règne. » Alors, avant même de poser votre chapeau, vous prenez un chiffon ou bien, au lieu de vous allonger sur le lit parce que vous êtes fatiguée, vous commencez à mettre de l'ordre dans les pièces. Or, de l'avis de vos proches, votre appartement est parfaitement tenu. Tout y est dans un ordre presque militaire. Mais vous n'êtes pas satisfaite. Vous recherchez le grain de poussière, le mouchoir qui n'est pas à sa place dans une armoire.

Cette passion qui vous tourmente, songez combien elle *use* votre capital d'*énergie psychique*. Ne croyez-vous pas qu'il y a un *équilibre*, en vous, à rechercher? Que cette énergie que vous déployez dans votre métier, dans l'organisation de votre demeure, dans l'attention que vous portez à votre voiture, à des objets, elle pourrait être mieux employée? Que la passion qui vous entraîne, vous précipite dans des déceptions? Que vous devriez la diriger, la contrôler? Trop souvent vous concentrez votre énergie sur des *objets*.

La matière inerte — l'argent, une maison, une voiture — ne vous répondra pas. Vous usez votre vie pour elle. Que peut-elle vous donner? Songez-y.

Vous allez travailler plus pour *acquérir* ce qui, parfois, n'est pas indispensable à votre vie. Et que vous donnera en échange ce que vous avez acquis? Vous avez payé cet objet de votre énergie, de votre passion. Vous avez dépensé un *capital psychique* énorme, vous vous êtes usé. Vous avez donné de la *vie*, votre *vie*.

Qu'avez-vous reçu en échange? Les trois mètres de drap bien coupé qui font un beau vêtement. Les mille kilos d'acier qui font une voiture. Les mille mètres carrés d'un morceau de terrain. Les trois cents mètres carrés d'une maison.

Est-ce bien payé? N'avez-vous pas tort de tant donner de votre *vie* pour si peu de *chose?* Vous me direz : « J'ai besoin de cela parce que ainsi je suis heureux. » En êtes-vous sûr? Ne vous conduisez-vous pas, en voulant posséder ces objets, comme un *animal obéissant* qui suit les ordres de son maître. Le maître lui dit : « Il te faut acheter une voiture plus grande. Il te faut acheter une maison plus vaste. Il te faut changer cette année de manteau. Il te faut de nouveaux meubles. »

Et vous vous précipitez comme le chien devant qui on jette une pierre. Vous allez passer votre vie à courir, à courir encore, rapportant la pierre chaque fois lancée plus loin. Et comme le chien vous serez épuisé. Mais vous vous précipiterez encore. Ou bien vous vous dresserez sur vos pattes de derrière et vous vous humilierez pour obtenir ce morceau de sucre qu'on vous tend. Je vous demande de réfléchir avant de vous précipiter.

Vous n'êtes pas un *animal obéissant*, vous ne devez pas *obéir* aux ordres que la *société habilement vous donne.*

La société est diabolique : elle vous fait croire que *vous voulez, vous-même,* ce qu'en *réalité* il est de l'intérêt de la société que vous *vouliez.* Car il faut, pour elle, que vous vous précipitiez. Il faut que vous rêviez d'acheter une nouvelle voiture. Il faut que vous rêviez et vouliez changer de manteau alors que le vôtre est encore en parfait état, mais la mode, n'est-ce pas? a décidé que les manteaux devaient être longs ou courts selon les saisons. Il faut que vous vouliez une maison plus vaste même si vous n'en avez pas besoin. C'est *en vous* que le *maître* s'est installé. C'est de l'intérieur de *vous* qu'il vous *ordonne* de *courir.*

Il faut que vous lui résistiez.

Je ne vous parle même pas au nom de la morale ou du bon sens. Car je pourrais vous dire que le monde, avec la croissance de sa population, ne peut plus accepter le GASPILLAGE.

Je vous parle simplement par expérience. Parce que toute une partie de ma vie, je l'ai passée à courir de plus en plus vite derrière ces objets que, peut-être, vous désirez. J'ai couru après la richesse. J'ai acheté, vendu, de mieux en mieux. Mes bénéfices ont augmenté. J'accumulais et moi je me vidais. Comme si plus je possédais et moins j'étais. Comme si une loi faisait que ce que l'on prend d'une main on le perd d'une autre. Et puis j'ai rencontré celle qui allait devenir ma femme, Dina, que j'ai maintenant perdue mais dont le souvenir me reste comme mon seul vrai *bonheur*. Pourquoi? *Parce que je l'aimais et que j'étais aimé d'elle.*

Et c'est par elle que j'ai découvert ce qui doit être notre loi, votre loi. Votre énergie, votre passion : il faut qu'elles concernent des *personnes* et non des *objets*.

L'objet que vous achetez ne vous rendra rien. Il est chose presque morte. Il ne vaut que parce qu'il vous a demandé d'effort. Il n'est beau que des sentiments dont vous l'enveloppez. Si vous vous détournez de lui, si un autre objet vous attire — et un autre objet vous attirera parce que précisément celui que vous possédez ne peut rien vous donner que ce que vous lui donnez — que restera-t-il de ce que vous avez tant peiné pour acquérir? Votre vieux manteau ne sera plus que ce qu'il a toujours été : trois mètres de drap. Votre ancienne voiture ne sera plus que mille kilos d'acier. Vous verrez enfin ce que vous possédez tel que ces objets sont et vous découvrirez, parce que vous désirez autre chose, que, bien que possédant tant de choses, vous vous sentez démuni. Vous avez devant vous de nouvelles pierres à rattraper et voici que le *maître* vous prie déjà : « Cours, va, rapporte. » Et vous vous élancez, docile.

Mais, quand donc alors trouverez-vous la paix? Quand donc aurez-vous le temps et l'énergie de nouer avec les autres et avec *vous-même* de *vraies* et *profondes relations?* Je ne parle pas au nom de la morale. Je parle dans votre *intérêt*. Je veux que vous atteigniez l'*équilibre*, que vous ayez de *vraies satisfactions*.

Que vous faut-il faire alors?

Eliminez de vous les *faux désirs*. Interrogez-vous sur vous-même, sur ce que vous désirez *vraiment*.

Pensez que ce qu'il y a d'important ce sont *vos relations avec les autres. Ce sont ces relations qui vont vous donner le bonheur ou la tristesse* et non pas la possession d'objets qui, un jour ou l'autre, vous paraîtront morts. Et il vous faudra alors reprendre la course et vous vous épuiserez en vain parce que ce que vous voulez, au fond de vous, ce n'est pas la possession mais le *bonheur*, mais la *paix*.

Et ce dont vous avez besoin c'est l'amour.

Je vous parlerai bientôt de l'amour mais je veux déjà que vous sachiez que la *sagesse*, le *bon usage* de votre énergie *psychique* et même de votre *égoïsme*, serait que vous *aimiez* et que vous agissiez afin de *vous faire aimer*.

Car c'est votre capacité à aimer et à vous faire aimer qui vous apportera le plus.

Or, je voudrais que vous réfléchissiez.

J'imagine que vous lisez ces lignes à la fin d'une journée. Depuis ce matin vous avez parlé, agi. Vous avez employé votre énergie, votre passion à de multiples tâches. Vous avez travaillé, désiré. Votre pensée a été tendue vers des buts divers, indispensables sans doute. Vous avez été pris par l'engrenage d'une journée. Et demain tout recommencera. Et ce temps que vous consacrez à la lecture, je le sais bien, vous l'arrachez déjà à vos obligations, à vos préoccupations ou à vos distractions, à la télévision qui, peut-être, en ce moment même, pour l'un des vôtres, distribue ses images sans fin. Tout cela je le sais. Mais je vous demande cependant de réfléchir.

Avez-vous consacré *assez de temps à l'essentiel*, c'est-à-dire à *votre bonheur?* Quelle part de votre journée a-t-elle été *consciemment orientée par cette question : que dois-je faire pour vivre plus heureux? Comment dois-je organiser ma vie pour cela? Que dois-*

je faire pour que les autres m'aiment et pour que je les aime mieux?

Ne dites pas : se poser ces questions chaque jour rendrait la vie impossible.

Ne dites pas : se poser ces questions, quel égoïsme!

Ne dites pas : je ne me pose pas ces questions mais j'agis comme si je me les posais.

Je ne crois pas à vos trois réfutations.

Il faut se poser ces questions. Ce n'est pas *la vie* qu'elles rendent impossible mais une *certaine façon de vivre*.

Si vous vous interrogez comme je vous le conseille, bien sûr vous serez troublé. Vous remettrez en cause ce qui fait vos habitudes.

Vous commencerez d'ouvrir les yeux sur votre vie. Vous cesserez, peut-être, d'avoir envie de courir pour rien ou pour cette pierre qu'on vous lance.

Vous vous demanderez : pourquoi faudrait-il que je coure? Ne suis-je pas mieux ainsi, immobile ou avançant lentement, regardant autour de moi? N'est-il pas plus important que je passe deux heures avec ceux que j'aime plutôt que d'entreprendre un travail supplémentaire qui me permettra d'acquérir des objets qui, dans un mois ou dans un an, ne me paraîtront plus essentiels? Et pour eux j'aurais peut-être manqué l'amour, oublié de le donner ou de le recevoir? En vous posant ces questions vous découvrirez peut-être que ce que vous croyez important ne l'est pas.

Mais c'est au prix de cette interrogation que vous atteindrez l'harmonie avec vous-même et avec les autres, que vous sera naturel l'équilibre. Sinon...

N'avez-vous jamais vu autour de vous des personnes comblées de biens, possédant tous ces objets qui sont le signe de la richesse et du « bonheur » social et qui — observez-les avec attention — vivent dans l'insatisfaction et parfois l'amertume? Toujours quelque chose semble leur échapper. Elles courent de plus en plus vite vers des pierres lancées de plus en plus loin. Un jour — et il vient, je le sais — elles s'apercevront que, comme les maîtres le font parfois avec leur chien, il n'y a pas de pierre à rapporter, qu'elles se sont précipitées dans la course sur un geste et qu'il n'y avait pas de pierre. Il y a le vide en elles. Je ne veux pas que vous ressentiez un jour cela. Vous ne le voulez pas non plus. Alors posez-vous chaque jour les questions essentielles.

Vous allez fermer ce livre
Vous allez repasser dans votre mémoire
les instants de votre journée
Qu'avez-vous fait pour vivre
plus heureux?
Vous êtes-vous préoccupé des autres?
Pour les aimer
Pour qu'ils vous aiment
Réfléchissez
Fermez ce livre

Ne dites pas, je le répète : se poser ces questions, quel égoïsme!

On a si souvent condamné l'égoïsme! Mais il faut comprendre. L'égoïsme, c'est une des lois de toutes les formes de vie. La cellule est égoïste; elle prend pour se développer. Vous êtes naturellement égoïste. Et c'est normal. Ceux qui refusent la réalité de l'égoïsme se bouchent les yeux. Mais l'homme, cette forme de vie supérieure qui s'interroge sans fin sur la vie, a le choix entre deux sortes d'égoïsme.

L'égoïsme brutal, celui, barbare, qui sacrifie l'autre à notre propre avantage, celui qui transforme l'autre en instrument.

Cet égoïsme, je le hais. Vous devez le haïr, le traquer en vous. Rien n'est pire. Vous utilisez l'autre comme s'il était un objet. Vous en faites une chose que vous pliez à votre service. Vous oubliez qu'il existe pour lui-même, qu'il est un univers infini et vous le pliez à votre usage. Vous l'emprisonnez. Vous détruisez sa liberté à votre profit.

L'autre n'est plus qu'un objet, un jouet.

Parfois cet égoïsme se déguise, à vos yeux et aux

yeux de l'autre, en amour. Vous imaginez aimer. On imagine que l'on vous aime. Mais vous voulez plier l'autre à votre volonté, le transformer en poupée. Ou bien on désire vous étouffer. Et même si c'est entre des bras, sous la tendresse, vous manquerez d'oxygène. Car cet amour-là n'est qu'un des visages de l'égoïsme. Mais l'égoïsme existe, vous ne pouvez pas le nier, en vous. Vous devez seulement le *contrôler*, l'*orienter*, le *transformer*.

Il s'agit de comprendre que *votre égoïsme doit*, parce que c'est de cette façon que vous *tirerez le plus de profit pour vous-même, agir de façon à vous faire aimer de l'autre*. Il faut donc que votre égoïsme se tourne vers autrui. Il faut que vous compreniez que ce n'est pas dans le conflit avec autrui, dans la rage de le dépasser, de l'écraser, que vous trouverez le *plus* de satisfaction mais bien dans un accord avec l'autre, dans un comportement qui vous fera gagner la *sympathie de l'autre*, son affection, son amour.

C'est ainsi que l'homme doit utiliser les forces égoïstes de son organisme, qu'il doit s'appuyer sur ce qu'il ne peut nier, pour le transformer, établir la meilleure voie pour lui-même et pour les autres, dans son intérêt qui est aussi celui de l'autre.

Vous allez fermer ce livre
Réfléchir
Vous avez sans doute eu dans votre vie
un CONFLIT avec quelqu'un
Êtes-vous sûr que vous ne pouviez pas
l'ÉVITER
TRANSFORMER le heurt de vos
deux égoïsmes
VOUS OUVRIR A L'AUTRE
Qui se serait ouvert à vous
RÉFLÉCHISSEZ
FERMEZ CE LIVRE

J'avais écrit cela quand j'ai découvert les travaux du

Pr Hans Selye, un médecin, un savant de soixante-six ans qui s'est spécialisé dans les travaux sur le « stress » — la tension. Sur les tensions que provoquent dans l'organisme l'adaptation aux autres, l'adaptation au monde extérieur. J'ai lu ces livres qui me sont parvenus du Canada, non par hasard mais parce qu'un lecteur du *Livre de la vie* trouvait que le Pr Hans Selye confirmait mes conclusions, ce que moi, qui ne suis pas médecin, j'avais tiré de mon expérience. J'ai lu le dernier livre du professeur (1) comme si je relisais — sous une forme plus savante — ce que j'étais parvenu à penser. Il notait que tous les organismes vivants ont une qualité commune : l'égocentrisme, cet égoïsme dont je parlais et qui les met dans l'obligation de s'occuper d'eux-mêmes. Pourquoi reprocher cela puisque c'est inné en nous? Mais dans ses travaux de laboratoire commencés il y a quarante ans, Selye note que les cellules les plus élémentaires ont déjà appris à dépasser l'égoïsme, qu'elles se sont groupées, associées pour former un organisme plus efficace, qu'en somme, elles ont limité leur égoïsme au nom de leur égoïsme! Le Pr Selye nomme cela « *l'égoïsme altruiste* ». Les cellules de notre corps, les milliards de cellules de notre corps le pratiquent. Et Selye a aussi découvert, dans ses travaux de laboratoire, que la meilleure façon d'abolir le « stress » qui use notre organisme, c'est de s'adapter, c'est-à-dire de choisir l'amour plutôt que la haine.

Naturellement on peut se heurter à des individus qui refusent la compréhension. Alors il faut les éviter. Vous avez sûrement rencontré de ces personnes qui portent sur le visage et dans la voix l'aigreur, la rancœur. Elles colportent sur les uns et les autres des ragots.

Elles vous envient et cela se voit. Elles ne sont pas entourées d'un halo d'amour pour les autres et le monde mais bien d'un cercle de tension, parfois de haine ou simplement de jalousie.

(1) *Stress sans détresse*, éditions La Presse, Montréal 1974.

Vous êtes attaché à elles, peut-être. Parce que vous les connaissez depuis longtemps. Peut-être aussi parce qu'elles sont comme une partie de vous-même, la partie la plus noire de vous.

Il faut savoir rompre avec ceux qui ne vous apportent que la tension. Il faut savoir vivre avec ceux qui comprennent la loi biologique de l'amour. Il faut que vous puissiez appliquer cette devise que le Pr Selye a vue à l'œuvre dans ses expériences et qui est la première règle : « Sachez vous faire aimer. »

Ne dites pas non plus : « Je ne me pose pas de question, j'agis par instinct et j'agis bien. J'applique ce que vous proposez. »

Je crois à l'intuition. Je crois à l'instinct.

Trop souvent même nous les réprimons, nous ne les écoutons pas et nous avons tort car ils donnent parfois la bonne route que la « raison » et la logique ont oubliée. Mais croyez-vous qu'une machine, même bien lancée, peut se guider seule sans l'aide d'un conducteur? Croyez-vous qu'il ne suffit pas parfois d'une pente, d'un obstacle pour la faire rouler trop vite ou s'arrêter ou dévier?

Vous devez être vigilant.

La société, autour de vous, vous tend des pièges parce qu'elle est, dans beaucoup de ses aspects, construite sur l'égoïsme brutal, et parce que la recherche du profit est sa loi. Elle tend à faire de vous un *rouage* qui tournera à la vitesse désirée. Et vous consommerez et vous gaspillerez votre énergie, des biens aussi, non pour vous mais pour elle. Alors il faut que vous vous posiez des questions, sans cesse. Que ces questions vous permettent de contrôler vos actes, de réfléchir à ce que vous faites.

Il ne faut pas que vous oubliiez qu'il faut donner à votre vie un sens, qu'il ne faut pas la perdre dans les sables, dans les labyrinthes des actes, des achats et des ventes.

MEDITEZ

LE PREMIER SECRET
DE VOTRE AVENIR
C'est de vous interroger sur vos désirs et vos actes.
Demandez-vous :

« Ne suis-je pas qu'un écho? Ne suis-je pas qu'un reflet?

» Est-ce que je veux vraiment ce pour quoi j'agis? »

Vous allez fermer ce livre, respirer comme je vous l'ai demandé, prendre le temps de la réflexion. Puis vous reviendrez à ces mots.

LE PREMIER SECRET DE VOTRE AVENIR
C'est :
DE VOUS FAIRE AIMER
D'AIMER
et d'AGIR pour QU'ON VOUS AIME

DESARMEZ L'EGOISME ET L'HYPOCRISIE D'AUTRUI par VOTRE GENEROSITE ET VOTRE FRANCHISE.

Sachez ce que vous voulez.
Sachez vous faire aimer, vous le pouvez.

Avez-vous repris en main votre corps?
Faites-vous ces exercices élémentaires?
Ils sont la preuve, pour vous-même,
que vous voulez changer
FERMEZ CE LIVRE
ET AGISSEZ

Vous, vos pensées, vos rêves, votre vie,
VOTRE LIVRE

Confiez ici vos questions, vos doutes, vos certitudes. Ce que vous avez de fort en vous se renforcera, ce que vous avez de faiblesse et de peur se réduira parce que vous oserez regarder en face ces mots qui expriment vos angoisses, ces mots que vous allez écrire ici, comme si vous parliez à l'ami qui vous écoute, vous rassure et vous console...

7

VEILLEZ SUR L'ARBRE DE VOTRE VIE

Il est un deuxième secret dont dépend aussi votre avenir. Ceux qui le connaissent l'oublient parfois, car ils sont saisis par notre vie, trop rapide, trop heurtée. Et puis, un jour, ils subissent la dure loi qu'ils avaient découverte mais négligée. Ils se souviennent alors que notre santé, notre beauté, notre agilité, notre joie dépendent d'*abord* de la santé de ce *bel arbre vital* qui nous soutient : notre *colonne vertébrale.*

Cette colonne vertébrale, c'est *l'arbre de vie.*

Prenez un dictionnaire. Regardez cet arbre noueux dont le tronc va du bas de notre dos à la base du crâne. C'est lui qui commande, par le jeu de ses articulations, les mouvements de votre corps. Lui qui transmet les ordres que vous donnez à vos pieds et à vos jambes. S'il se paralyse, s'il se brise, vous n'êtes plus rien qu'un corps sans agilité, une forme inerte et lourde. Cet arbre de vie, comme l'appellent les Orientaux, peut-être n'avez-vous jamais pris conscience de son importance. Vous n'avez jamais souffert de douleurs lombaires ou de migraines provoquées par les vertèbres cervicales, vous n'avez jamais subi ces élancements terrifiants d'une sciatique qui prend votre jambe et semble la tordre.

Si vous n'avez pas encore été touché, vous êtes parmi les rares qui sont restés à l'abri. Félicitez-vous, mais prenez garde et protégez cet arbre qui, jusqu'à aujourd'hui, vous a permis de l'oublier.

Si vous avez souffert, vous savez combien, quand cesse la douleur, il est miraculeux de pouvoir à nouveau marcher, se baisser, lever le bras ou tourner la tête. Vous craignez les « fantaisies » de cet arbre fantasque qui vous porte et qui peut vous paralyser parce que le temps est humide, parce que vous avez soulevé un poids trop lourd ou fait, sans même vous en rendre compte, un faux mouvement. Pour vous qui souvent placez vos mains sur vos reins pour réchauffer un peu l'arbre de votre vie, il n'est pas nécessaire que j'insiste. Vous savez.

Notre colonne vertébrale, c'est bien l'arbre de notre vie. De son état dépend notre bonheur ou notre malheur quotidien.

Cela est vrai. Ceux qui ont souffert le savent dans leur chair. Vous qui avez été épargné, interrogez quelqu'un autour de vous qui a connu ce dont je parle et écoutez-le.

Ou bien, écoutez-moi. J'ai découvert l'arbre de vie pendant la guerre. J'avais été arrêté, torturé et on m'avait suspendu par les mains et durement battu sur le dos puis laissé tomber sur le sol de la cellule. J'ai réussi à m'évader, à rejoindre les miens, mais j'étais comme paralysé. Mon dos n'était plus qu'une plaie et surtout, sous la peau lacérée, l'arbre de vie avait été brutalisé. Il m'a fallu des jours de soins, l'appel à un vieux médecin masseur. Il m'apprit un certain nombre de mouvements et, peu à peu, parce que je faisais les exercices avec régularité, je récupérai une partie de mon agilité.

Mais jamais je ne retrouvai la totale liberté de mes mouvements, cette sensation de légèreté qu'on a quand les articulations et les muscles, les nerfs qui se logent dans chacune des vertèbres, nous permettent le mouvement; je n'en ai plus que le souvenir. Je ne peux jamais oublier mon arbre de vie. Et, récemment, une voiture m'a renversé sur la chaussée. J'ai à nouveau connu ces douleurs profondes et cette difficulté à se mouvoir qui brusquement font découvrir que nous sommes fragiles, qu'il suffit d'une seconde pour que notre vie change. Nous marchons, une vertèbre se déplace et nous voici couchés, immobilisés.

Cette expérience que j'ai, ces habitudes qu'il m'a fallu prendre pour veiller sur la santé de mon arbre de vie, je voudrais vous les communiquer. Car les Orientaux ont raison : la colonne vertébrale, c'est bien plus qu'une somme — vitale déjà — d'articulations et de nerfs, c'est l'antenne centrale qui rayonne dans tous les centres vitaux du corps ses messages. Si l'antenne est perturbée, les messages sont chargés d'anxiété. Et, en un autre sens, si vous êtes anxieux, l'antenne — votre colonne vertébrale — est perturbée.

Une relation s'établit ainsi entre votre « dos » — ses centres nerveux — et votre état général et particulièrement votre « humeur », votre état psychologique. Des douleurs lombaires provoquées par un faux mouvement, une sciatique peuvent affecter votre caractère de façon durable. Et donc vos relations avec vos proches. Vous devenez irritable. Comment ne le seriez-vous pas quand la douleur est toujours présente? Vous devenez pessimiste, et cela se comprend. Quand faire un mouvement vous est difficile, pourquoi auriez-vous confiance dans votre avenir?

Mais, parfois aussi, ces douleurs lombaires ne sont qu'un écho physique et nerveux des tourments de votre esprit.

Je me souviens des jours qui ont suivi le drame au cours duquel ont disparu les miens. J'étais comme paralysé. Comme si les articulations de ma colonne vertébrale avaient été coulées dans du ciment. Et je ne pouvais bouger sans grimacer de douleur. Quand j'ai lentement — il y a fallu des mois — retrouvé un peu d'énergie psychique, j'ai en même temps recouvré une certaine souplesse. Et je me suis souvenu alors des exercices que m'avait appris le vieux médecin de la guerre. J'ai commencé à les exécuter et, rétablissant ainsi mon énergie physique, détendant les muscles qui soutiennent la colonne vertébrale, je parvenais à retrouver un certain calme psychologique.

Car l'arbre de vie est l'axe central de notre corps et de son *système nerveux.* C'est en lui que se rejoignent le *physique* et le *psychique.*

C'est pour cela qu'il vous faut veiller sur cet axe. N'attendez pas qu'il soit atteint de troubles.

Ne dites pas : je suis jeune.
Ne dites pas : il est trop tard.

Il faut que vous sachiez que cet *arbre* est menacé, mais que nous pouvons le défendre. Notre vie urbaine nous ankylose. Nous ne faisons plus travailler que certains de nos muscles. Nous nous transformons en personnages assis, transportés, et seuls vos doigts, ou vos mains si vous tapez à la machine, sont mobiles. A peine si vous avez le temps de marcher! Les horaires sont tels souvent! Vous habitez si loin de votre lieu de travail que vous utilisez votre voiture ou un moyen de transport.

Cette ankylose est grave. Nous prenons du poids, j'en parlerai plus tard. Nos muscles s'affaiblissent. Notre corps se tasse. Alourdi, il pèse sur les articulations de la colonne vertébrale. Les disques qui les séparent se coincent, les nerfs sont pincés et vous souffrez.

L'arbre de votre vie, comme un arbre de la nature, ne peut s'épanouir dans ce cadre urbain dur et hostile.

La fatigue nerveuse, les bruits de la cité, ces sonneries du téléphone dans le bureau où vous travaillez, ces marteaux pneumatiques qui défoncent les rues sous vos fenêtres, cette rumeur sourde et continue des voitures qui passent, tout cela aussi agit sur l'arbre de vie. Les réseaux nerveux qui circulent du haut en bas de cette antenne deviennent hypersensibles. Votre anxiété — vous avez peur de manquer votre train, votre bus, vous craignez d'être pris dans un embouteillage et de ne pas être à l'heure à votre bureau — vos angoisses, votre nervosité envoient dans vos muscles et vos nerfs des influx qui contractent les uns, irritent les autres. Votre arbre est rendu fragile et il suffira d'un mouvement trop brusque pour que vous soyez « bloqué ».

Je ne suis pas médecin mais ce que je décris là, je l'ai vécu et vous pouvez le constater vous aussi. Ce que je sais c'est que nous ne prêtons pas suffisamment attention aux indices qui annoncent que des tensions se préparent. Nous laissons empirer ce mal qui vient, cette lourdeur au moment où nous nous réveillons et qui s'efface dans la journée parce que nos muscles se détendent, que nous sommes aussi « distraits » et que nous oublions. Mais chaque jour s'accumule notre fatigue. Chaque jour les tensions augmentent et vient un moment où notre arbre de vie refuse de fonctionner.

Que faut-il faire pour prévenir cette ankylose?

D'abord il faut que vous preniez conscience de l'importance de votre arbre de vie. Que vous appreniez à le connaître.

Réfléchissez. Votre tête est encombrée de très nombreuses connaissances. Vous savez par cœur des numéros de téléphone. Vous pouvez parler peut-être longuement des films que vous avez vus. Vous savez que Humphrey Bogart joue dans tel et tel film. Et vous pouvez raconter les livres que vous avez lus. Et que savez-vous du *fonctionnement* de votre *corps* et de votre *esprit?* Que savez-vous des *relations* qui les unissent? Que savez-vous de la façon dont il faut conduire votre vie? Quoi de plus important, pourtant!

Ne croyez-vous pas que si vous étiez capable de dessiner votre colonne vertébrale, cet arbre dont dépend votre bonheur quotidien, de savoir aussi ce qui lui convient et ce qui lui est néfaste, cela aurait plus d'importance que bien des connaissances que l'on vous a transmises et que vous avez enregistrées et qui vous encombrent?

Vous allez fermer ce livre
Vous allez prendre un dictionnaire
Regardez le squelette d'un corps humain
Découvrez la colonne vertébrale
Puis réfléchissez encore, mesurez son importance vitale
FERMEZ CE LIVRE

Avez-vous vu? Avez-vous compris?

Vous savez mieux maintenant ce qu'est l'arbre de votre vie. Vous mesurez mieux que de son bon fonctionnement dépend *votre avenir.* Que là se joue non seulement le sort de votre corps mais aussi l'état de votre *moral.*

Sur l'arbre de votre vie se greffent le physique et le psychique.

Ce secret de votre avenir vous devez toujours l'avoir présent à votre esprit *et vous devez sans tarder, dès maintenant, veiller sur l'arbre de vie.*

Je veux vous donner quelques principes simples. Je ne suis pas un médecin et ce que je vous conseille ne relève que du bon sens et de l'expérience. Mais il faut, si vous voulez aller plus loin, que vous consultiez un médecin.

PREMIER PRINCIPE : SACHEZ VOUS DETENDRE

Comment voulez-vous que votre colonne vertébrale garde sa force si vous la comprimez constamment? Vous écrasez sous le poids de votre corps vos vertèbres lombaires parce que vous êtes le plus souvent assis ou debout. Et vous dormez sur un matelas que vous avez choisi moelleux, épais, souple. Le pire, car votre colonne se plie et se tord en s'enfonçant. Vous tendez aussi votre colonne vertébrale parce que vous êtes anxieux. Il *faut arrêter cela,* ne serait-ce qu'un instant dans la journée.

Comment? Rien n'est plus simple. Choisissez une

pièce silencieuse de votre appartement. Etendez un tapis sur le sol et *régulièrement une ou deux fois* dans la journée — au milieu de la journée, si vous le pouvez, et à la fin de cette journée — *allongez-vous sur le sol. Vous vous accroupissez d'abord*, les bras serrés autour de vos jambes, presque recroquevillé. Votre colonne vertébrale est alors comme le bois d'un arc que vous incurvez. Elle s'étire sans effort. Et, cela fait, vous vous allongez, vous écartez vos bras du corps, les paumes tournées vers le plafond et vous respirez profondément, lentement. *Restez ainsi cinq minutes*. Cela suffira à vous donner une détente physique et morale.

Vous allez vous arrêter de lire,
choisir votre pièce
exécuter l'exercice que je viens
de décrire
Engagez-vous devant vous-même
à le répéter deux fois par jour
FERMEZ CE LIVRE

DEUXIEME PRINCIPE : MARCHEZ

Ne cherchez pas de fausses excuses. Ne dites pas : je n'ai pas le temps. Vous prenez le temps d'accomplir un certain nombre d'actes qui ne sont pas indispensables à votre vie.

Marcher est indispensable. L'arbre de votre vie a besoin que vous marchiez.

C'est une façon de le maintenir en vie, de faire jouer les articulations et les muscles, d'entretenir le système nerveux qui commande vos membres.

Marchez pour vous muscler.

Marchez pour vous redresser.

Quand vous marchez, essayez de marcher en vous redressant. Vous constaterez que non seulement *votre corps se redresse* mais que votre *esprit se redresse aussi*. Vous levez l'arbre de votre vie comme un *mât*.

Ici encore la respiration est décisive.

En marchant, essayez de rentrer votre estomac, votre ventre, de dilater ainsi votre cage thoracique et de réduire la cambrure de vos reins. C'est comme si vous étiriez votre colonne vertébrale. Il n'est pas d'exercice plus simple et de plus efficace. Faisant cela vous libérez des nerfs, des disques qui sont souvent pincés et coincés. Vous en tirez un mieux-être immédiat et vous musclez votre ventre qui pèse sur votre colonne vertébrale parfois d'une façon trop forte.

Marchez.

Renoncez à ces petites facilités qui vous font prendre un autobus pour faire cinq cents mètres. Vous dites : je vais gagner du temps. Si vous comptez le temps passé à attendre l'autobus, celui du trajet, l'arrêt à un feu rouge, êtes-vous sûr que vous avez gagné plus de quelques minutes?

Marchez parce que cela vous muscle. Cela favorise votre circulation, restitue à vos organes leurs fonctions d'origine.

Marchez.

Chez vous, il y a un ascenseur. Si vous le pouvez, quand vous n'êtes pas trop chargé et si vous pouvez les emprunter — c'est le cas dans les vieilles maisons d'Europe — essayez de monter à pied, à moins que votre médecin ne vous l'ait déconseillé, cet exercice musculaire est salutaire.

Vous avez ainsi les moyens par ces quelques petits actes de faire, sans même vous en rendre compte, un *entretien quotidien de vos muscles.* C'est comme si autour de l'arbre de votre vie, vous veniez chaque jour sarcler, arracher les mauvaises herbes et arroser.

TROISIEME PRINCIPE : SOUTENEZ VOTRE ARBRE DE VIE : MUSCLEZ-VOUS

Votre arbre de vie supporte le poids de votre corps et ce poids est souvent trop important; j'en reparlerai.

C'est comme si un arbre était trop chargé de fruits ou un mât soumis à des vents de tempêtes. Vous avez vu dans les campagnes les branches de certains arbres soutenues par des tuteurs. Et vous avez vu les mâts arrimés par des haubans tendus. Il faut que vous *souteniez votre colonne vertébrale par des tuteurs et des haubans.* Ces tuteurs, ces haubans, ce sont les muscles.

Muscles du dos et des épaules.

Il vous faut des mouvements simples mais *quotidiens : lever les bras tendus* au-dessus de votre tête, l'un après l'autre. Puis vous baisser — j'ai déjà parlé de cet exercice — en touchant le sol avec les doigts, bras et jambes tendus. Mais ne forcez jamais. Puis, allongé sur le tapis, vous *pédalez avec vos jambes* tendues et repliées afin de *muscler votre abdomen.*

Muscles du dos et des épaules, muscles du ventre : votre colonne vertébrale, votre arbre de vie, sera soutenue par des haubans, ces muscles que vous aurez acquis et entretenus.

Ne soyez pas accablé. Ne dites pas : « Encore! Où vais-je prendre le temps? » *Vous allez gagner avec ces dix ou quinze minutes quotidiennes votre avenir.*

Car n'oubliez jamais que votre vie doit être longue.

Il faut que votre vie soit longue car la *durée* est essentielle. Elle permet de voir ceux qu'on aime longtemps. Elle permet de faire, de transformer et de se transformer. Elle permet de voir le monde changer, de mieux comprendre.

Votre vie doit être longue et active.

Il serait fou de négliger ce qui peut la rendre plus heureuse.

Il serait fou d'ignorer cet *arbre de vie,* votre axe *physique et psychique.*

Je vous demande peu et je vous offre beaucoup. Je vous demande de penser à votre *arbre de vie,* de marcher, d'apprendre à vous muscler. Je vous demande de savoir vous détendre.

Mais ces exercices ne vaudraient rien si vous oubliez quelques exigences vitales :

LA REGULARITE : sans laquelle il n'est que des à-coups inutiles ou nuisibles.

LA SYMETRIE : il faut que votre axe soit droit, que vos exercices ne déséquilibrent pas votre corps, que vous sachiez équilibrer votre effort, votre marche, vos attitudes, de façon à ne pas fausser l'arbre de votre vie.

LA SOUPLESSE : il ne faut pas que vous soyez tendu. Il faut que, même quand vous vous musclez, votre corps soit souple et que vous n'agissiez pas par saccades. Il ne vous faut pas cisailler par de grands coups mais développer, comme un fruit mûrit.

L'HARMONIE : il faut que vous compreniez cela profondément; que l'harmonie naisse en vous de votre conviction et que marcher, vous muscler deviennent pour vous une *joie*.

LA COMPREHENSION : il faut que votre entourage vous soutienne, partage vos certitudes. Il faut que vous soyez entouré de compréhension, de sympathie. Il n'y a qu'un seul moyen pour cela : ne gardez pas pour vous ce que vous avez compris ou redécouvert : *partagez-le*. Expliquez ce que vous venez de lire. Prêtez ce livre, discutez-le. Il deviendra vôtre, plus encore.

Vous, vos pensées, vos rêves, votre vie,
VOTRE LIVRE

Ce qui compte, c'est le trésor qui est en VOUS, et vous le savez. Vous êtes seul à savoir, peut-être, combien il a de beauté et vous souffrez de ne pas réussir à l'exprimer. Les mots vous manquent. Vous n'osez pas dire. APPRENEZ A LAISSER LIBREMENT SURGIR CE QUE VOUS CONTENEZ, ECRIVEZ ICI ce que vous ressentez, pour vous-même d'abord. Et pourquoi, plus tard, ne feriez-vous pas lire ce que vous avez noté à ceux qui vous aiment?

8

DONNEZ-VOUS LES MOYENS DE VIVRE

Il est un troisième secret dont dépend votre avenir. Est-ce un secret? Je veux simplement vous rappeler qu'il faut vous donner les moyens de vivre.

Je vous parlerai plus tard de la volonté de vivre et de réussir votre vie. Mais les moyens dont vous avez besoin sont extérieurs à vous. Ce sont l'air pur et le soleil, voilà ce qu'il vous faut arracher chaque jour si vous voulez *vivre vraiment*.

Arracher, il n'est pas d'autre mot parce que l'air pur et le soleil sont devenus des biens précieux qui, chaque jour, sont plus difficiles à acquérir et nous sommes *volés* de ce que nous possédions jadis naturellement.

En pleine guerre, alors que j'étais un persécuté, un pourchassé, j'avais au moins pour moi, dans les forêts de Pologne, l'air pur et la lumière. C'était bien peu mais cela me donnait la force de lutter et de vivre. Aujourd'hui nous sommes privés de cela.

Regardez le ciel voilé des villes. Même dans les régions les plus ensoleillées il est souvent masqué par une brume tenace.

Respirez l'air des villes quand vous rentrez de vacances, quand vous n'êtes plus habitué au poison quotidien. Vous le sentirez, âcre, acide et nocif.

Quand j'arrive dans les villes j'ai toujours, parce que je vis le plus souvent possible à la campagne, une sensation d'étouffement. Le soir, même si j'ai peu travaillé dans la journée, je suis épuisé. Parce que je manque d'oxygène. Et vous en manquez aussi même si vous n'en avez pas conscience.

Voilà le crime que nous avons laissé commettre contre nous.

Chaque jour, des milliards de poussières, des volumes importants de gaz toxiques sont déversés dans l'atmosphère.

Chaque jour des milliers de mètres cubes d'oxygène sont consommés par les avions à réaction qui *dévorent* ainsi ce dont l'homme a besoin et sans lequel il meurt : notre atmosphère.

Pour accélérer la traversée de l'Atlantique de quelques milliers de passagers par an, on prévoit des avions supersoniques encore plus *dévorants* d'oxygène. Mais c'est l'oxygène de centaines de milliers d'hommes qu'ils consomment alors qu'ils ne favorisent qu'une petite minorité de passagers.

C'est le crime, le gaspillage et l'injustice. Je les dénonce parce que c'est contre vous que ce crime est accompli, contre vous que cette injustice est commise, contre vous et non pas pour vous que ce gaspillage de ce qui est *notre bien commun à tous, la nature,* est accompli.

Certains jours, quand je suis dans l'une des grandes villes de notre monde, quand je suis bloqué dans ces avenues encombrées où des centaines de voitures s'entassent, je me dis que nous sommes devenus des *insectes malades*.

Sommes-nous *incapables* d'organiser ce monde que nous dévastons et qu'allons-nous laisser aux générations à venir? Sommes-nous depuis une centaine d'années, depuis qu'a commencé la construction du monde moderne, pareils à ces *hordes barbares* qui ne laissaient même pas l'herbe après leur passage?

Car nous dévastons.

Nous? Moi? Vous?

Il ne faut pas toujours rejeter sur les autres, sur la société, les fautes qu'il nous arrive de partager et de commettre. Le *changement,* c'est nous qui le *ferons,* si nous le voulons. Et il nous faut vouloir que notre monde ne ressemble pas à un *grand camp de concentration.*

Je pensais à cela alors que je marchais aux côtés de Jo dans sa forêt. Là, le ciel et l'air sont encore purs. Et c'est Jo qui me disait comme je le quittais, sachant que je partais pour la grande ville : « Vous retournez dans le camp de concentration? »

Il riait. Mais avait-il tort? Là où se sont agglutinés des millions d'hommes — parfois près de dix millions — là où ils n'ont, le plus souvent, devant eux que des murs de béton qui emprisonnent même le ciel avec leurs déraisonnables hauteurs, là où on les oblige à vivre dans des souterrains ou dans des « boîtes » fermées où ne circule qu'un air artificiel, n'est-ce pas vraiment un camp de concentration? Et quand ils veulent en sortir, ce sont les embouteillages, les heures de prison dans ces petits volumes d'acier : voitures qui, carrosserie contre carrosserie, ne progressent plus.

Oui, la ville est devenue pour l'homme un camp de concentration. Mais dans ce camp il vous faut vivre, vous donner les *moyens de vivre. Il faut que vous luttiez pour ne pas être détruit.* Et c'est un combat de chaque instant.

Il vous faut d'abord *savoir* que la *grande ville* est pleine d'*ennemis.* Je ne suis pas un partisan du passé. Je sais combien la condition des paysans, jadis, était dure; et j'en ai vu dans les plaines et les forêts de Pologne qui vivaient comme des bêtes. Je suis donc favorable au progrès et je sais que la ville a apporté à la civilisation culture et bienfaits. Mais elle impose, quand elle devient géante, un rythme, des *esclavages* qu'il faut contrôler sous peine de devenir sa victime.

Je pourrais vous parler du *bruit,* ce mal rongeant, contre lequel vous devez lutter. Il faut que vous sachiez vous donner du *silence.*

Je connais des familles où ne cessent jamais de se répandre la musique et les voix de la radio et de la télévision. Seul le sommeil vient interrompre ce déluge! Si l'on ajoute à cela le bruit continuel de la rue, on comprend que ces personnes, jamais, n'entendent la *voix qui est en eux.*

Et souvent c'est pour ne pas l'entendre qu'ils se couvrent ainsi de bruits. Ils sont intoxiqués par les bruits de la ville; ils sont ivres.

A vous de savoir vous donner le silence, moyen de l'équilibre psychique.

Faites une expérience
ISOLEZ-VOUS
FERMEZ LES SOURCES DE BRUIT,
radio, télévision
ÉCOUTEZ CE SILENCE
ET CETTE VOIX EN VOUS,
VOTRE PENSÉE

Si vous prenez ainsi l'habitude, journellement, de vous *arracher* aux bruits de la ville, d'échapper au bombardement de la radio et de la télévision, vous *réussirez à vous concentrer sur vous-même,* à être davantage vous-même.

Mais l'essentiel n'est pas là.

Le troisième secret de votre avenir, il est dans la façon dont vous allez *respirer* et ce que vous allez *respirer.* Il faut donc et c'est LE PREMIER PRINCIPE : APPRENDRE A RESPIRER.

Je vous ai déjà parlé de cela.

Il faut *inspirer lentement, expirer profondément,* vous vider ainsi de tout l'air contenu en vous et aller chercher jusqu'aux cavités les plus lointaines de vos poumons les volumes d'air qui s'y blottissent.

Prenez une montre. Mesurez quelle est la durée de votre expiration et essayez de la prolonger en vous recroquevillant sur vous-même comme si vous pressiez avec vos bras sur vos côtes pour *expulser* cet air vicié que vous avez utilisé.

Car l'*air est nourriture* et vous devez, après l'avoir utilisé, vous débarrasser de ses déchets.

Il est important d'*apprendre à respirer,* non seulement pour chasser ainsi de soi jusqu'au plus profond l'air utilisé mais aussi pour *apprendre à se détendre.* La respiration est, en effet, *un moyen de régulation, de contrôle de l'émotion, de la nervosité.*

Je me souviens, au moment des accouchements de ma femme, des longues conversations que nous avions eues avec un médecin. Pour lui, l'essentiel, dans un accouchement, était de bien *rythmer sa respiration,* c'est-à-dire d'éviter de trop accélérer au moment des efforts où de ne pas assez le faire.

C'est la respiration qui *commande l'effort* et le *permet.*

Vous avez vu, comme moi, des coureurs au moment des épreuves sportives. Ce qui distingue un champion des autres, ce n'est pas la plus ou moins forte musculature des mollets mais bien la *capacité de respiration.*

La respiration, c'est comme le *rythme d'un moteur.*

Il faut que vous appreniez à ne pas le laisser « s'emballer ». Il faut que vous dosiez vos efforts pour ne pas le forcer à prendre un rythme trop rapide car le *rythme de la respiration et le rythme du cœur sont liés.* Dans les villes, avec l'agitation qui est la marque de notre vie, respiration et cœur s'accélèrent non seulement parce que nous devons toujours courir pour notre autobus, pour notre travail, mais aussi parce qu'ils s'accélèrent au gré de nos émotions, de notre anxiété. *Et il nous faut sous peine d'usure rapide briser ce rythme* qui nous est imposé.

Car l'homme est une *curieuse machine psychologique et psychique.* Il est celui qui s'adapte avec le plus de facilité. Il vit au pôle et dans le désert. Je sais qu'à l'homme bien des choses incroyables sont possibles. J'ai survécu dans l'enfer là où, quelques jours seulement avant de pénétrer, il m'eût semblé impossible de *vivre* une seule seconde. L'homme sait donc s'accorder au rythme qui lui est imposé.

Et nous nous sommes, vous vous êtes adapté au rythme de la vie contemporaine, à l'univers de la ville. Vous respirez un air chargé de gaz toxiques, mais vous *vivez*. Le miracle de l'homme est précisément cette merveilleuse faculté d'adaptation qui a fait de lui le *conquérant* de la terre.

Mais à quel prix? Que doit-il payer pour cela?

Pensez à ces maladies nouvelles, aux dépressions nerveuses, à l'angoisse, au *cancer* même.

Cette dernière maladie est une maladie de notre époque. C'est comme si les cellules de notre organisme brusquement devenaient folles, comme si elles adoptaient le rythme de la ville, comme si elles s'agglutinaient comme nous nous agglutinons dans les couloirs des métros ou dans les embouteillages à la sortie de nos villes. Les cellules prolifèrent comme la population entassée des villes. Et peu à peu cette prolifération nous ronge et détruit notre corps.

Peut-être est-ce le rythme accéléré de votre vie, cette impossibilité de la paix qui rend si fréquente cette maladie d'aujourd'hui. Ou bien aussi la *tristesse* qui est trop grande dans beaucoup de *vies*. Et l'organisme alors devient dans la plus essentielle de ses parties — la cellule — malade, comme s'il ne voulait pas survivre et décidait de se détruire et de mourir.

Connaissez-vous les zoos?

J'ai toujours trouvé sinistres ces lieux où des animaux fiers sont parqués derrière des barreaux. Cela me rappelle trop le sort de l'homme et si je regarde les yeux de certains animaux j'y lis le désespoir. Quand je vois leurs mouvements de long en large, mouvements mécaniques, je sais que ces animaux sont atteints d'une maladie psychologique, les animaux des zoos sont *fous*, parce qu'ils ont perdu leur cadre naturel, leur rythme, ce qui faisait leur vie. Naturellement, ils sont bien nourris, ils sont bien traités. On essaie dans les zoos modernes de leur reconstruire une « nature » qui ressemble à celle qui était autour d'eux quand ils étaient en liberté! Mais voilà que j'ai appris depuis peu que ces animaux — beaucoup d'entre eux en tout cas — dévoraient à la naissance leurs petits! Alors que cela ne se voit presque jamais quand ils sont en liberté.

Dévorer sa progéniture : n'est-ce pas la preuve que d'être enfermés les rend *fous?* N'est-ce pas comme s'ils voulaient se *détruire,* faire disparaître cette espèce à laquelle ils appartiennent parce qu'elle n'est plus libre, qu'elle vit derrière l'acier et le béton?

Ce refus de vivre des animaux enfermés, je crois que beaucoup d'hommes et de femmes, à leur manière — inconsciemment — en croyant s'adapter, le vivent. Et tant de nouvelles maladies, maladies de l'âme ou du plus profond du corps, sont peut-être la *manifestation de ce refus de vivre.* Le prix qu'il faut payer pour *adapter le rythme de la vie humaine au rythme fou de la vie contemporaine.*

Nous demandons trop à nous-même.

Je pense à cette femme qui habite dans une lointaine banlieue. Chaque matin, elle se lève, vers 5 heures, réveille ses petits enfants, les habille, les porte à une nourrice. Puis elle prend le train : deux heures de trajet, puis le métro : près de trois quarts d'heure, et la voici enfin sur le lieu de son travail. Il lui faut souvent courir pour ne pas arriver en retard à son bureau. Elle répond au téléphone, tape à la machine, reçoit les clients, souriante, apparemment détendue comme si elle vivait dans un monde tranquille, bienveillant où il n'y a aucun problème. A 18 heures la voici qui s'échappe, toujours courant : métro, train et vite elle passe chez la nourrice, prend ses enfants, prépare un repas. Et se couche. Et recommence.

Je dis que cette vie est anormale. Même si cette jeune femme est belle, souriante, détendue, je dis que quelque part au fond d'elle-même quelque chose de *vital* se *détruit, refuse ce rythme de vie.* Même si elle n'a pas conscience de ce qu'elle subit et de ce que cela lui coûte.

Quand j'ai su qu'elle avait déjà, à deux reprises, interrompu son travail pour dépression nerveuse, croyez-vous que j'aie eu besoin du diagnostic du médecin pour en connaître les causes?

Sans doute l'a-t-il soignée avec son mélange de pilules, une qui freine et l'autre qui accélère. Ce que voulait cette femme en tombant malade, c'était *briser ce rythme fou.* Seulement elle a trop attendu.

Vous, vous devez vous donner les moyens de vivre. Casser périodiquement ce rythme.

Vous accorder des *ruptures :* le *silence,* la *détente.*

Il faut, c'est le DEUXIEME PRINCIPE : QUE VOUS PRENIEZ LE TEMPS DE RESPIRER.

La respiration, je vous l'ai dit, c'est l'image même du rythme de la vie, c'est par elle que vous *entrez en rapport intime avec la nature. Respirer c'est faire entrer l'univers naturel en soi, c'est se nourrir de lui,* sans intermédiaire, directement, sans aucune transformation vous avalez l'atmosphère de la terre. Et quand j'ai lu récemment des livres sacrés de l'Inde qui accordaient tant d'importance à la *respiration,* je n'ai pas été étonné.

Je vous ai appris à respirer. Maintenant c'est à *vous de prendre le temps de respirer.* Il faut que chaque jour vous répétiez cette respiration au rythme contrôlé que j'ai décrit. Mais ce n'est rien. *Il faut que chaque semaine vous sortiez de la ville* ou, au moins, de cet *univers de ciment et de métal.*

Ne dites pas : « Je n'ai pas le temps, c'est trop difficile, il y a des embouteillages. » Ce n'est pas vrai. Vous pouvez échapper au rythme des autres. Vous devez échapper à l'atmosphère viciée de la ville. *Vous devez prendre le temps de respirer.* Sortez de la ville aux heures creuses. Croyez-vous que le dimanche matin, vers 7 h 30, il y ait beaucoup de monde sur les routes? Je sais par expérience qu'elles sont vides. Imposez-vous d'échapper ainsi au troupeau de ceux qui s'échappent tous en même temps. Il ne vous est pas nécessaire d'aller loin. Peut-être y a-t-il un parc aux portes de la ville et peut-être pouvez-vous emprunter un moyen de transport collectif que tout le monde néglige. Il faut que ce départ de la ville, chaque semaine, devienne pour vous une habitude et que vous ayez conscience qu'il s'agit d'une *nécessité*. Je sais que, même si au début vous éprouvez une résistance en vous, à faire *régulièrement* ce trajet bientôt *le plaisir sera le plus fort*. Echapper au rythme, retrouver dans cette fourmilière l'indépendance que donne le choix du moment et du trajet et surtout ouvrir ses poumons à l'atmosphère plus pure de la forêt : tout cela vous comblera.

Mais quand vous marcherez dans la campagne ou la forêt, ne le faites pas sans réfléchir. *Les actes ne valent, ne profitent que si on les charge de sa volonté, de sa conscience. Les actes ne valent que si on leur donne un sens*. Réfléchir quand vous marcherez, cela signifie *respirer pleinement*. Que l'air lentement entre en vous et se répande dans tout votre corps parce que vous le voudrez profondément. Réfléchir, cela voudra dire *expirer profondément*, cela voudra dire *marcher*, abdomen rentré pour que votre arbre de vie s'étire, profite pleinement de cette respiration et de cette marche.

Je ne peux rien vous dire de plus. Simplement vous répéter qu'il faut *briser le rythme imposé*, retrouver le rythme psychique et biologique de la nature, qu'il faut que vous compreniez que vous devez protéger votre *capital psychique et physique*. Ne devenez pas des animaux du zoo, enfermés, malades, destructeurs de leur race et d'eux-mêmes.

Mais à quoi servirait cela, cette respiration que vous rythmez, ces échappées dans la nature que vous décidez de faire, à quoi servirait ce livre que vous lisez, si *vous vous empoisonnez vous-même quotidiennement?* Ou si vous laissez ceux que vous aimez s'empoisonner?

Je veux parler et vous l'avez compris, de cette drogue qu'est le TABAC. Ne haussez pas les épaules.

Ne pensez pas : je sais tout sur cette question.

Si vous continuez à fumer c'est la preuve que vous ne savez rien ou que ce que vous savez est resté à l'extérieur de vous-même. S'il y a quelqu'un autour de vous qui continue à fumer — alors que vous-même ne fumez pas — c'est aussi que vous ne savez rien car comment toléreriez-vous que ceux que vous aimez se détruisent devant vos yeux, avec votre accord? Or, c'est ce qu'ils font — ce que vous faites si vous fumez ou si vous les laissez faire — quand ils prennent une cigarette et qu'ils la portent à leur bouche. Ne dites pas : je ne fume que tel type de cigarettes qui n'est pas nocif, je ne fume que — peu importe le chiffre — X cigarettes par jour. C'est *toujours trop. Trop pour les poumons, trop pour le cœur, trop pour vos artères, trop,* et (on oublie cela) trop pour *votre équilibre personnel.*

Je ne suis pas médecin mais il vous suffit de lire n'importe quel traité pour découvrir que, par exemple, chez les hommes de quarante à soixante-dix ans qui fument quotidiennement un paquet de cigarettes ou davantage, la mortalité par troubles des coronaires — troubles cardiaques — est *deux fois plus forte* que chez les non-fumeurs du même âge.

Voulez-vous mourir deux fois plus vite?

Alors fumez!

Voulez-vous voir mourir deux fois plus vite ceux que vous aimez? Alors laissez-les fumer!

Ne dites pas : « Je n'avale pas la fumée. » Je citerai un médecin : « Quant à savoir si le fait d'inhaler la fumée rend le tabac moins dangereux, je ne veux même pas le savoir au risque de vous contrarier; les subtilités me paraissent de peu de poids lorsque la vie se trouve dans l'un des deux plateaux de la balance. » (Dr Louis Cournot, l'*Infarctus du myocarde,* Paris, Laffont 1974.) Il faut que vous soyez persuadé de cela et d'abord, de la *vérité scientifique des méfaits du tabac.*

Etre persuadé, cela ne signifie pas seulement savoir avec le bout de l'esprit. C'est faire entrer ces vérités en soi, mesurer ce qu'elles représentent, entendre déjà la toux du matin de celui ou de celle que vous aimez ou de vous-même. Ici, il faut que vous utilisiez votre imagination pour voir, entendre, souffrir déjà. *Il faut que vous voyiez avec une telle force que ces visions vous deviennent intolérables.* C'est la première étape. Alors vous commencerez à être prêt à vous battre contre cette *drogue nocive.*

Ce ne sera pas facile.

Il vous faut d'abord, deuxième étape, *comprendre que vous vous êtes mis à fumer* — ou qu'on fume — *pour des raisons psychologiques.*

Nous en avons déjà parlé : à l'origine le fumeur veut connaître, imiter, compenser aussi des insuffisances. Il veut *paraître* plus vieux, plus viril, plus indépendant. Fumer c'est une façon de se masquer aux yeux des autres et d'abord aux yeux de soi-même. Et de cela il faut que vous soyez convaincu.

Vous allez fermer ce livre,
essayer de vous souvenir
de votre première cigarette
Revoyez toute cette scène,
avec franchise, dans le détail
Souvenez-vous
FERMEZ CE LIVRE

Et si ce n'est pas vous qui fumez, faites lire ce livre ou bien interrogez ce fumeur que vous voulez désintoxiquer.

Mais votre première cigarette a été suivie de beaucoup d'autres et fumer est devenu une habitude *psychique et physiologique.*

Il vous faut combattre sur ces *deux terrains.*

C'est la troisième étape. *Le combat psychique est le plus important.* Vous cesserez de fumer quand vous aurez décidé de cesser de fumer. Et ce sera le signe d'une *victoire de vous-même,* contre les aspects les plus négatifs de vous-même.

Alors *commencez à changer psychologiquement.* C'est-à-dire qu'il vous faut *dresser la barrière de votre esprit entre le moment ou vous prenez d'un geste machinal* une cigarette et celui où vous la portez à *vos lèvres.*

Que ce geste machinal suscite immédiatement une *image*, un *contrordre* de *votre volonté*.

Que chaque fois que vous prenez une cigarette vous ressentiez une humiliation, vous voyiez une image négative, celle d'un malade, que vous sachiez chaque fois que vous fumez les risques que vous prenez. Que chaque cigarette soit l'*objet* d'un *combat* entre votre habitude et votre conscience.

Créez entre votre habitude et vous des *obstacles* : n'ayez qu'un nombre limité de cigarettes sur vous, passez de dix à cinq, par exemple. Compensez le manque que vous allez ressentir par une autre activité. Surtout *faites-vous aider*.

Se faire aider pour progresser n'est pas aveu de faiblesse. Se faire aider c'est faire preuve d'intelligence et finalement de *confiance en soi* car c'est prendre un témoin, lui dire : « Je veux arrêter de fumer, veux-tu m'aider, donc sois celui qui verra si je triomphe ou si j'abdique, tu seras juge. » Et cela signifie que vous avez le courage de prendre publiquement un pari sur votre volonté. *Faites-vous aider*.

Mais sachez qu'il n'y a pas de moyen miracle, pas de pastille, pas de traitement qui vous dispense de l'effort personnel quotidien. Il faut que vous compreniez que vous devez *vous donner* et *donner* à ceux qui vous sont chers, les *moyens de vivre*.

Donc il faut que : vous appreniez à *respirer* et que vous vous donniez le *temps de respirer*, et parce que vous avez mesuré l'importance de cette fonction vitale, *que vous supprimiez les poisons* qui vous détruisent : *rythmes fous et continus de la vie moderne que vous devez briser régulièrement, fumée nocive* pour votre *corps et votre psychisme que vous devez interdire*.

N'attendez pas demain

Etablissez maintenant votre programme, pour briser le rythme. Quand partirez-vous? Où irez-vous? Combien de temps consacrerez-vous à la respiration contrôlée, purifiée et à la marche? De combien réduirez-vous votre consommation de cigarettes? Dans combien de temps cesserez-vous de fumer? Quand commencerez-vous à vous faire aider? Qui aiderez-vous en lui parlant de ce que vous venez d'apprendre?

Si vous ne décidez pas cela, abandonnez ce livre. A quoi vous sert-il?

Mais je sais que vous ne vous quitterez pas : ce livre est le vôtre. Il doit le devenir chaque jour plus encore.

Vous, vos pensées, vos rêves, votre vie, VOTRE LIVRE

Ecrivez, notez ici ce que vous ressentez, cette émotion, cette joie, ce doute, cette inquiétude. A qui vous confier sinon à vous-même? Quel est celle ou celui qui peut le mieux vous comprendre? Ecrivez pour faire surgir de vous cette richesse intérieure que trop souvent la vie ne vous permet pas d'exprimer. Je vous écris ce livre comme on envoie une lettre, répondez-moi ici d'abord et puis si vous en ressentez le besoin, écrivez-moi.

9

CHOISISSEZ LE VRAI, LE PROFOND, LE DURABLE PLAISIR

Il est un quatrième secret de votre avenir. Comment ne l'auriez-vous pas, un peu ou peut-être totalement, je le souhaite, découvert? Mais je dois en parler ici, pleinement, pour que vous vous en empariez, et qu'il vous aide à transformer votre vie.

Ce secret? Regardez autour de vous. Examinez la plupart de ceux qui ont dépassé la trentaine — ou même les adolescents — et découvrez chacun de ces corps : ils sont trop souvent lourds.

Je ne veux pas parler ici de la beauté. Toutes les époques ont leur idée de la beauté. Il suffit de regarder les tableaux des peintres du passé pour découvrir que change selon le temps l'image que l'homme se fait de ce que doit être une femme, par exemple. Et de pays en pays cette image se modifie. Et puis la beauté c'est bien autre chose qu'un corps. Il est des physiques parfaits mais qui sont aussi indifférents que des statues de pierre. Il est des visages sans défauts auquel le regard ne s'accroche jamais. Par contre il suffit de deux yeux qui disent ce qu'est une âme pour retenir à jamais un être. *Et la beauté,* il faut que vous le sachiez, *c'est d'abord votre richesse intérieure,* votre personnalité qui lui donne sa marque et la fait exister. La beauté vivante, celle dont on ne se détache jamais, c'est celle qui rayonne la générosité. Peu importe alors si les formes du corps, les traits du visage ne sont pas parfaits, ils deviennent beaux parce qu'ils sont éclairés de l'intérieur de l'être et ils ne vieillissent jamais si cette lueur persiste. Et c'est elle que chacun de nous recherche dans l'autre qu'il aime. Un accord s'établit qui n'est pas fait simplement de la reconnaissance d'une « beauté » extraordinaire, qu'enfin l'on aurait découverte, qui correspondrait à toutes les images que l'on porte en soi de la femme et de l'homme. Cet accord — que l'on nomme amour — il est celui de deux personnes dont les corps ne sont qu'un aspect, qui sont l'une et l'autre des univers complexes. L'amour dure et il est réussi, si ces deux êtres se complètent, se rassurent mutuellement et s'épanouissent l'un grâce à l'autre et s'ils sont mutilés quand l'un se sépare de l'autre.

Je ne parle donc pas de la beauté ou de la possibilité d'aimer et d'être aimé quand je dis que les corps, nos corps sont *lourds*. Je parle de la *santé*.

J'ai été et je suis encore, je crois, un homme vigoureux avec, mes amis me le disent tous, une grande capacité de résistance et beaucoup d'énergie. La guerre me l'a à moi-même prouvé et écrivant *Au Nom de tous les Miens*, revivant les épisodes tragiques et violents que j'avais traversés, je m'étonnais moi-même d'avoir eu assez de force pour survivre. Mes parents m'avaient légué un magnifique « capital-santé » et mon père, les traditions de mon peuple qui m'avaient donné un « capital-énergie psychique ». Chacun de nous possède cet héritage plus ou moins important mais que trop souvent on gaspille.

Après la guerre, quand j'ai rejoint les Etats-Unis, j'ai dû à nouveau me lancer dans de dures batailles que j'ai racontées aussi. Ici je veux dire que j'ai senti jour après jour que ma santé, mon énergie psychique s'épuisaient. Je vivais mal dans la grande ville agitée et comme c'est souvent le cas, pour résister à la fatigue, à l'usure nerveuse, je mangeais trop, je buvais trop, sans même réfléchir à ce que j'avalais. Je choisissais les plats les plus épicés, les viandes les plus rouges. J'avais besoin, imaginais-je, d'énergie, de force. Alors les digestions étaient lourdes. Je buvais des excitants pour me réveiller : alcool, café.

Un jour, quand j'ai connu ma femme, j'ai pris conscience de ce *gaspillage* que j'étais en train d'accomplir. Gaspillage irrémédiable puisque c'était celui de ma santé. Ma femme, elle aussi, était prise dans le même engrenage : vie trop rapide, ville trop dure, repas hâtivement avalés et le travail immédiatement après, nourriture choisie parce que nous croyions qu'elle nous apportait des calories que nous brûlions dans notre course. Quand nous nous sommes connus nous étions l'un et l'autre à ce moment où les jeux se décident. Nous avons eu de la chance. Je suis entré en clinique. J'ai commencé sous surveillance médicale un jeûne de trente-huit jours et j'ai maigri de 17 kilos. Ma femme a, elle aussi, suivi ce même régime. Et, alors que nous ne réussissions pas à avoir d'enfants, elle s'est trouvée rapidement enceinte.

Plus tard, dans ma maison, j'ai vécu avec la préoccupation de donner aux miens un « capital-santé-énergie-psychique » qui serait le plus beau des héritages. J'ai alors beaucoup réfléchi aux problèmes de l'alimentation de l'homme. J'ai lu les ouvrages de l'école hygiéniste américaine du Dr Herbert McGolphin Shelton et je me suis décidé à appliquer une stricte discipline alimentaire. J'ai compris que ce qui compte, ce sont les COMBINAISONS d'aliments au cours d'un repas. J'ai compris que la plupart des maladies sont moins provoquées par des microbes que par les toxines qui sont dans notre corps. Et ces toxines sont souvent le résultat d'une très mauvaise alimentation. Par la suite, après mon drame, j'ai été contraint de partiellement abandonner cette règle de vie.

Je ne veux pas la défendre ici. Elle est trop stricte pour vous — pour moi maintenant — parce que vous travaillez et vivez dans la ville, qu'il est difficile d'adopter un régime parfait auquel je crois, mais dont je sais qu'il est très malaisé de l'appliquer pour des raisons pratiques, financières et sociales.

Mais, avant de vous dire comment vous pouvez *maîtriser* l'un des secrets essentiels de votre avenir, comment vous devez *choisir le vrai, le profond, le durable plaisir,* j'ai voulu que vous sachiez que j'ai éprouvé dans ma chair, expérimenté, la suralimentation et le jeûne, que je sais la satisfaction que donne un bon repas, un alcool qui réchauffe. Tout cela paraît procurer la gaieté mais je connais aussi l'agilité de l'esprit, la légèreté, le sentiment de puissance intellectuelle et d'énergie qu'apporte une alimentation contrôlée, la purification de soi que représente un jeûne.

J'ai choisi entre la satisfaction d'une alimentation selon mon goût, selon l'humeur ou la mode et le *plaisir vrai, profond, durable* d'une alimentation réfléchie. J'en ai tiré profit. Je voudrais que vous partagiez cette expérience. Je voudrais réussir à vous convaincre ou à confirmer vos choix. Car là est le quatrième secret de votre avenir.

LE PREMIER PRINCIPE à appliquer est simple en apparence : NE JAMAIS MANGER QUE SI ON A VRAIMENT FAIM. Simple, pensez-vous. Mais réfléchissez : laissez-vous la faim vous prendre, ne consommez-vous des aliments que si elle est présente en vous, joyeuse de savoir qu'elle va être satisfaite? Le plus souvent, il vous suffit de vous observer, de regarder autour de vous, pour découvrir que manger ne résulte pas seulement de la faim mais de l'habitude, du plaisir qu'il y a à consommer des aliments qui sont préparés, présentés pour exciter votre *appétit.*

Or, l'appétit n'est pas la faim. La faim — j'en ai connu d'extrêmes — c'est le vrai désir, le vrai besoin. C'est, en soi, une sorte de joie qui est présente dans le corps, une joie naturelle qui sait qu'elle va être satisfaite. L'appétit ce n'est que la bouche satisfaite. Ecoutez-moi : je ne veux pas que vous vous disiez : « Mais à quoi bon vivre si peu à peu nos plaisirs disparaissent, s'il faut se refuser le plaisir de l'appétit, de la dégustation d'un mets de qualité. La vie n'est pas faite que de ce qui est seulement nécessaire. Le plaisir, celui de manger, cela compte dans une existence. »

Vous avez raison de penser cela. Il faut *simplement* que vous ayez conscience que vous devez établir un *contrôle* sur votre alimentation. N'oubliez pas que dans notre monde tout est tourné vers la *vente*. On cherche à aiguiser votre appétit, votre soif. On fait naître vos *besoins*, parfois de *faux besoins*, pour vous transformer en consommateurs, en acheteurs réguliers.

Ne vous laissez pas transformer en « machine consommatrice ». Ne soyez pas de simples appendices d'une chaîne qui *vend* et qui ne se préoccupe pas de savoir si ce qu'elle vous force à consommer est *bon* pour vous.

Prenez du plaisir mais sachez où est le vrai, le profond, le durable plaisir. Il est dans la *simplicité*, dans la *vérité* des aliments. *Dans leur combinaison*, car notre estomac est comme une usine chimique et certaines associations d'aliments provoquent des *réactions* favorables ou défavorables à l'organisme. Quel est celui d'entre vous qui sait — et quel médecin le lui a dit? — qu'associer les féculents et les protéines dans le même repas provoque des toxiques et rend difficile la digestion?

Ceci dit, sachez vous donner des *fêtes*, régulièrement, mais ne devenez pas des esclaves d'habitudes alimentaires qui vous sont néfastes. Or, selon les derniers avis médicaux, l'homme occidental mange — quantitativement — de trois à cinq fois plus qu'il n'a besoin. Son corps est surchargé en poids, en calories. Ce corps est transformé en usine d'élimination. Il y a des surplus, des déchets qui peu à peu s'accumulent dans les artères, qui deviennent des graisses sur le corps et dans le sang.

Comment s'étonner alors de ces nouvelles maladies qui durcissent les artères, qui provoquent des tensions trop élevées? L'homme soumis à une civilisation brutale qui le force à accélérer les rythmes de sa vie,

« consomme », charge de calories sa machine, s'alourdit, cherche dans les plaisirs de la table la fuite et de bien faciles satisfactions.

Car vous savez bien que souvent l'angoisse et l'inquiétude vous poussent à consommer. Manger, boire, être avide : c'est notre façon d'échapper à ce qui nous tourmente. Et cela exprime trop souvent notre « grande peur de manquer », cette terreur qui vient peut-être du fond des âges; alors nous mangeons. Alors nous croyons avoir faim et ce n'est que de l'appétit. Nous imaginons que la soif nous tenaille et ce n'est que notre habitude de boire un « apéritif ». Combien de mes amis, sans raison aucune, dès qu'ils trouvent un prétexte, se servent une boisson, veulent que, en acceptant de boire avec eux, on leur donne une occasion de boire encore. On parle des drogues dures et on a raison, mais combien d'entre nous qui se « droguent » sans même le savoir : cigarettes, boissons alcoolisées régulièrement consommées et aussi pilules de toutes sortes : somnifères, tranquillisants, aspirine!

Je veux vous aider à retrouver votre équilibre. Et, au fond de vous-même, vous savez bien que vous le pouvez. Il ne faut pas que vous cédiez à la pression des autres, des habitudes. Il faut que vous vous repreniez en main et que vous ayez conscience que *votre vie se joue aussi à la façon dont vous mangez*. A la manière dont vous *associez* les *aliments* dans un même repas. Car vous ne pouvez mêler dans votre estomac, *l'eau* et le *feu*.

Ne dites pas : cela est ridicule.

Ne dites pas : mais alors la vie n'est plus qu'une suite de continuelles attentions, il faut veiller à chaque instant de son existence, où est le plaisir de vivre?

Ne dites pas : je préfère faire ce que je désire et tant pis pour les risques.

Réfléchissez.

Il faut que vous réussissiez à ajouter de la « vie aux années » et non pas des « années à la vie » comme le disait le Dr Alexis Carrel. Et cela vaut que vous preniez des attentions, que vous soyez conscient des risques que vous courez quand, de façon régulière, vous faites des *excès alimentaires.* Il faut, c'est le DEUXIEME PRINCIPE, que vous vous leviez de table sans avoir cette impression d'étouffement satisfait que donne le repas surabondant. IL NE FAUT PAS QUE VOUS MANGIEZ A SATIETE, jusqu'à cette lourdeur que certains appellent le plaisir des bons repas et qui est si néfaste pour la santé. Il faut, TROISIEME PRINCIPE, que LE REPAS ne soit pas un moment sans importance, il FAUT QUE VOUS LE PRENIEZ DANS LE CALME. Mieux vaut parfois ne pas manger qu'avaler trop vite des aliments incertains. Il faut, QUATRIEME PRINCIPE, que LA DIGESTION qui exige une immense dépense d'énergie nerveuse SOIT ENTOUREE DE REPOS. Il faut que vous sachiez, CINQUIEME PRINCIPE, SAUTER UN REPAS si vous avez mangé abondamment au repas précédent. Il faut, SIXIEME PRINCIPE, que vous n'oubliiez jamais que l'homme a besoin de FRUITS et de LEGUMES VERTS et, si vous le pouvez, commencez votre journée par une consommation de fruits.

Tout cela, je vous le dis avec autant de gravité que lorsque je vous parle de l'univers et du destin de l'homme. Je vous le dis parce que je crois que vous devez l'entendre et parce qu'il faut que vous compreniez qu'il y a *unité de votre vie,* qu'il faut que votre corps et votre esprit soient deux alliés. Et vous ne devez pas *négliger l'un pour l'autre.* Vous vous devez à vous-même de *prendre conscience de ce que sont vos vrais besoins.* Vous vous sentez fatigué, angoissé souvent, lourd au réveil, mélancolique. Ne voudriez-vous pas que chaque matin soit une renaissance? Que vous vous élanciez dans la journée comme le plongeur qui, un jour d'été, se jette avec joie dans la mer fraîche?

Et ce que vous allez demander à vous-même est-il trop difficile? Est-ce trop cher payer que d'accomplir quelques brefs exercices pour garder la jeunesse de son corps et de son esprit? Ne croyez-vous pas que le *vrai*, le *profond*, le *durable plaisir* de vivre en harmonie avec soi vaut mieux que bien des brèves satisfactions quotidiennes que parfois par faiblesse, par habitude, par lassitude, vous vous accordez?

Je veux que vous soyez en *harmonie avec vous-même*. C'est votre désir mais vous craignez de ne pouvoir atteindre cette harmonie, vous imaginez que vous l'avez perdue ou bien qu'il y a trop d'exigences à satisfaire pour l'atteindre. Cela est faux. Vous avez en VOUS le pouvoir et la possibilité du *bonheur, mais il vous faut choisir la bonne route*. Il vous faut comprendre que la société vous tend ses pièges, qu'elle veut vous modeler suivant ses besoins et que vous ne devez pas vous laisser faire. Il faut que, malgré la société, parfois contre elle, vous construisiez *votre propre règle de vie*, vous découvriez ce que vous voulez vraiment et ce qu'il vous faut faire pour atteindre ce *profond*, ce *vrai*, ce *durable plaisir*.

CE QU'IL VOUS FAUT FAIRE EST SIMPLE ET VOUS LE POUVEZ.

Il vous faut :

- veiller sur l'arbre de votre vie, apprendre à détendre vos muscles, apprendre à les forger, quelques exercices suffisent.
- apprendre à respirer, prendre le temps de respirer, savoir régulièrement marcher dans la nature et la retrouver.
- surveiller ce que vous mangez, en quantité d'abord, et la façon dont vous le mangez.
- combiner vos aliments dans chacun des repas.

Si vous appliquez ces règles élémentaires, ces quelques principes, alors VOTRE CORPS RESTERA, REDEVIENDRA VOTRE ALLIE.

- Il vous faut aussi savoir ce que vous voulez vraiment et savoir vous faire aimer.

Tels sont les *quatre premiers secrets dont dépend votre avenir*.

Relisez les pages qui précèdent
Appliquez les principes que je propose
Méditez
Ouvrez-vous à ceux que vous aimez, discutez de ce livre avec eux, lisez-leur ces pages. Aidez-les et qu'ils vous aident

Mais ces quatre premiers secrets dont dépend votre avenir, ces principes simples qui peuvent vous transformer, aider ceux que vous aimez à vivre, vous ne pourrez les appliquer, les laisser porter leurs fruits, que si vous disposez du *cinquième secret*, celui dont tous les autres dépendent. Sans lui, rien ne se peut. Sans lui ce livre ne sera qu'un livre et il doit être plus.

Il doit être le *point d'appui* qui vous permette de devenir davantage *vous-même*.

Et c'est pourquoi je vous demande maintenant de :

FERMER CE LIVRE
Méditez

Pensez à ce dont vous avez le plus besoin en vous, c'est LE CINQUIEME SECRET, CELUI DONT TOUT DEPEND.

Vous, vos pensées, vos rêves, votre vie, VOTRE LIVRE

Nous avons ensemble parcouru déjà un long chemin. Feuilletez ce livre, relisez les lignes que vous avez écrites à la fin des chapitres précédents, relisez votre livre qui s'entrecroise avec celui que j'ai écrit. Nos pensées sont mêlées. IL FAUT QUE VOUS CONTINUIEZ ICI à vous confier à l'ami, à vous-même, à moi.

ECRIVEZ. Ecrivez-moi aussi si vous le voulez. Ecrivez à ceux que vous aimez. Que ce livre que vous allez peut-être leur prêter soit un échange entre vous.

Pourquoi ne vous prêteraient-ils pas celui qu'ils ont lu et dans lequel ils se sont confiés. Et vous, pourquoi ne leur donneriez-vous pas le vôtre?

Ainsi vous vous connaîtriez mieux. Ainsi vous vous aimeriez mieux. Ainsi vous pourriez vous aider, vous comprendre. Et s'étendrait la chaîne de l'amitié et de la confiance. De moi à vous, de vous à moi, de vous à eux. Ainsi peut changer le monde parce que vous et moi, eux et nous, nous changeons pour nous mieux connaître, pour nous mieux comprendre, pour nous mieux aimer. Si vous êtes, à vous-même, votre ALLIE, l'autre peut devenir aussi votre allié. Ecrivez, confiez-vous.

10

LE CINQUIÈME SECRET

Ce matin, comme je m'apprêtais à commencer ce nouveau chapitre, peut-être le plus important depuis que je parle avec vous, le facteur est arrivé déposant, comme chaque jour, son paquet de lettres. Elles viennent d'un peu partout, de Suisse, de Belgique, des Etats-Unis, de France, du Canada. Depuis que j'ai publié mes deux livres, un dialogue s'est noué, profond, qui m'apporte l'amitié d'êtres différents, souvent aux prises avec le désarroi ou la détresse.

J'ai, ouverte près de moi, l'une des lettres de ce matin. Une femme, seule, de trente-trois ans, qui travaille. « Il y a quatre ans, m'écrit-elle, je divorçais. Je ne voulais pas divorcer. Mais mon mari avait choisi de vivre ailleurs, pour son métier, dans une autre ville, et ce qui devait arriver est survenu. Il a rencontré une autre femme. J'aurais accepté cette épreuve, mais lui décida de la séparation. Maintenant, je vis avec quelqu'un, je peux, si je le veux, me remarier. Il s'entend parfaitement avec mon fils, il me comprend. Il est attentif, je l'aime aussi, je crois, mais pourquoi recommencer? J'ai l'impression, surtout le matin, quand je me lève, que tout va se reproduire, que je vais retrouver bientôt les habitudes de mon premier mariage et que cela ne vaut pas la peine d'essayer de refaire une vie. Surtout que mon ami veut, si nous nous marions, un enfant. Et je me demande si je suis assez forte pour entreprendre cette nouvelle aventure, ce long voyage. Je ne sais pas et cette incertitude me trouble. Vous, vous êtes décidé, cela se sent à travers vos livres. Ils me donnent confiance, mais j'ai si peu confiance en moi. »

J'ai quelque peu transformé cette lettre car elle ne vous était pas destinée. Mais le mot est là, le mot qui exprime le *cinquième secret* de votre avenir : *confiance. Confiance en soi.*

C'est vrai que j'ai confiance en moi. C'est vrai que, quand j'ai décidé d'accomplir quelque chose, une force m'habite qui me fait agir avec résolution. J'ai tellement confiance que j'avance, et souvent je bouscule les obstacles, et quand d'autres surgissent, que je n'avais pas prévus, je les franchis aussi tant ma confiance est grande. J'ai confiance en moi et c'est ma force. J'ai confiance dans les mots que j'écris, je sais qu'ils vous touchent, qu'ils peuvent vous convaincre, qu'ils vont vous aider à vous transformer : j'ai *confiance* en *moi* parce que *j'ai confiance en vous.*

On ne peut pas séparer ce que l'on pense de soi de ce que l'on pense des autres. *Soi-même* on est fait *de tous les actes,* de *toutes les pensées,* de *tous les regards qu'on porte sur autrui.*

Si vous doutez de l'autre, vous ne pouvez avoir confiance en vous. Je vais répondre à cette lectrice de ce matin : votre manque de confiance, d'où vous vient-il? Sans doute votre première expérience était-elle un échec. Et je comprends qu'avant de vous engager à nouveau vous vous interrogiez, vous hésitiez. Mais votre inquiétude, elle vient d'ailleurs : vous doutez de l'homme qui vit avec vous. Vous craignez de le voir lui aussi s'éloigner, vous décevoir. Vous n'avez pas confiance en lui, et vous ne pouvez avoir confiance en vous. Et les deux aspects sont inséparables. Vous lui donneriez votre confiance si vous aviez confiance en vous. Et vous auriez confiance en vous si vous aviez confiance en lui.

Alors comment rompre ce cercle? *Comment avoir confiance en vous?*

C'est bien le *secret le plus important*, celui dont dépend tout votre avenir. Et vous le savez.

Réfléchissez, souvenez-vous, confiez-vous à vous-même. Vous vous rappelez? Cette amitié, vous l'avez perdue parce que vous doutiez de vous, de sa possibilité même, et plus tard vous avez eu, vous avez compris, qu'on n'attendait de vous qu'un seul geste, un mot : et vous n'avez pas agi parce que vous *doutiez de vous*. Vous vous disiez : « Ce n'est pas possible, moi, je ne peux pas », vous pensiez « pourquoi moi? ».

Comme cela vous avez peut-être manqué une profession intéressante. Quand on vous a interrogé, vous avez hésité parce que vous pensiez encore « je ne sais pas, je ne pourrai pas faire cela ». Et plus tard, en réfléchissant, vous avez compris que votre capacité n'était pas en cause, que vous auriez parfaitement pu faire ce travail, qu'en fait vous avez seulement eu *peur*, parce que vous n'aviez pas *confiance en vous*. »

LE MANQUE DE CONFIANCE EN SOI C'EST UN CANCER.

Il ronge, il détruit peu à peu toutes les possibilités. Parfois, c'est peu de chose; il vous empêche d'apprendre à conduire. Il vous empêche de faire une excursion. Il vous empêche de changer de profession. Mais cela n'est rien encore. *Le manque de confiance en soi*, c'est la *barrière devant l'épanouissement*, c'est *l'obstacle* au *bonheur*.

Parce que, en vous, vous sentez bien que vous pourriez agir, que vous en avez les capacités. Vous savez que vous pourriez vous faire aimer, que vous devriez vous engager, choisir. Et vous hésitez, vous ne pouvez pas. Vous êtes comme ceux qui sont atteints de vertige, devant eux il y a un balcon, une rambarde. Ils pourraient s'avancer, le traverser, se tenir à la rambarde, d'autres passent, les bousculent, et eux sont là, avec cette *peur* en eux-mêmes. Ils ne passeront pas. Et si on veut les entraîner, ils crient d'effroi.

C'est cela le manque de *confiance en soi*. Cette peur irraisonnée devant l'autre, devant ce qui est nouveau. Et ce sont aussi ces regrets, cette amertume qui, une fois que vous avez renoncé, vous habitent, vous *rongent*. Vous dites « j'aurais pu, j'aurais dû ». Et les regrets empoisonnent votre vie. Et ils sont de nouveaux obstacles.

Car il est une loi cruelle de la vie : les comportements deviennent des habitudes. On a eu peur? On a manqué de confiance en soi? On aura peur. On manquera de confiance en soi parce que, précisément, une fois déjà cela s'est produit. Et que le manque de confiance aggrave encore notre manque de confiance.

Votre vie est peu à peu réduite. Vous vous repliez, vous n'osez pas ou plus. Vous acceptez ce qui est donné. Et vous vous contentez de regretter, de vous souvenir de ce qui aurait été possible, que vous auriez dû faire. Ce n'est plus vous qui *choisissez*, votre manque de confiance en vous vous en empêche. Ce sont les *choses*, les *autres* qui choisissent à votre place. Votre destin vous échappe et vous le savez, et vous en souffrez. Parce que — et c'est cela qui vous trouble et vous rend malheureux, vous savez bien, au cœur de vous, qu'il y a une richesse, une force, que vous ne réussissez pas à mettre au jour. Vous êtes comme ces trésors qui dorment enfouis au fond des lacs. Et c'est votre *manque de confiance en vous* qui vous empêche de les porter au jour.

Les autres choisissent et ils choisissent pour eux, pas pour vous. Et vous en souffrez parce que les décisions qu'ils vous imposent ne sont pas celles qui vous conviennent et vous le savez bien. Alors vous subissez sans plaisir. Vous êtes parfois submergé par les regrets ou la mauvaise humeur. Mais vous n'osez pas briser le cercle où vous vous êtes enfermé : il vous faudrait avoir *confiance* en vous, croire que vous allez pouvoir trouver ailleurs, avec quelqu'un d'autre, dans un autre métier, des satisfactions réelles, la possibilité de vous épanouir. Et vous ne croyez pas en cela. Et vous n'avez pas confiance en vous. Alors vous *souffrez*. Peut-être êtes-vous ainsi, ou bien connaissez-vous parmi ceux que vous aimez des personnes atteintes de ce mal invisible et profond : le manque de confiance en soi, de ceux dont on dit qu'ils devraient être heureux, qu'ils ont tout pour être heureux et que pourtant on devine nostalgiques, incertains, mal à l'aise. Ceux-là n'ont pas eu *confiance en eux-mêmes*, ils se sont laissé *dicter leur vie*. Ils ne sont pas seuls à souffrir.

Autour d'eux, leur malaise se répand. Ils font perdre aussi aux autres la *confiance* qu'ils avaient. Le *doute* gagne. Et cette atmosphère, grise, triste — et vous vous demandez quelle est la cause de ce climat — se généralise.

Car dans la vie psychique comme dans la vie physiologique, *la contagion existe.*

Le manque de confiance est contagieux. C'est une maladie qu'il faut combattre. Et nous allons, vous avec moi, ensemble, la combattre.

Mais d'abord, réfléchissez :
Vous allez fermer ce livre
Vous souvenir
Vous demander si, ne serait-ce
qu'une fois,
vous avez manqué de confiance en vous
Mesurez les conséquences
Revivez ce moment
Sachez ce qu'il vous a coûté
Il ne faut pas que cela
se reproduise

VOUS ALLEZ MAINTENANT AVOIR
CONFIANCE EN VOUS
Répétez-vous cela
Fermez ce livre et
Méditez

Vous *allez avoir confiance en vous.*
Pourquoi?

Parce qu'il le faut. Et c'est déjà, j'en suis sûr, une raison suffisante. Si vous êtes persuadé — et j'ai voulu vous en convaincre — de l'*importance de la confiance en soi,* dans la vie privée ou professionnelle, vous savez qu'il *faut.* Et *s'il faut, vous devez.*

C'est une logique bien simple. Mais elle est vraie. Quand la mort me guettait ou bien quand j'étais tenté de me laisser glisser en elle comme on se laisse aller dans le sommeil, ce qui m'a sauvé, ce qui m'a donné la force de lutter, de vivre encore, c'est cette *nécessité,* cette *obligation,* ce *besoin* de faire ce qui doit être fait.

Allez, commencez par être *persuadés* que, sans *confiance en vous-même,* rien ne sera possible. Ni l'amour, ni le bonheur personnel, ni la réussite dans votre métier, ni même l'équilibre psychologique et affectif de ceux qui vous entourent. Cette confiance, c'est le *centre* de votre personne, c'est de là que vous rayonnez. Et vous pouvez faire que ces rayons soient porteurs de force et de joie pour vous et pour les autres. Ou bien, si vous n'avez pas confiance en vous, qu'ils soient des chaînes dont vous vous liez et qui étouffent ceux qui vous entourent.

Vous allez avoir confiance en vous.

Pourquoi?

Parce que — dégagez en vous-même cette certitude enfouie sous les sables de vos échecs et de vos hésitations — vous portez en *vous une richesse, une force dont vous ne soupçonnez pas l'importance.*

Seulement, vous ne le savez pas. Vous l'avez oublié ou bien vous en doutez. Il faut vous convaincre de votre *richesse* et de *votre force.* Vous êtes l'*égal* de n'importe qui. Et ne l'oubliez pas aussi, n'importe qui est votre égal.

Si d'autres ont confiance en eux, vous pouvez, vous devez avoir confiance en vous.

Mais attention : vous ne devez pas imiter.

Ici, il vous faut réfléchir, à chacun de mes mots, vous interroger sur vous-même. Revivre votre passé : non par complaisance mais pour mieux vous comprendre et donc vous donner les *moyens de vous transformer.*

Vous ne devez pas imiter.

Car, il est une loi, un secret dans le secret : *vous n'aurez confiance en vous que si vous agissez dans votre vérité.*

Cette richesse, cette force qui sont en vous, si vous ne les utilisez pas, si même vous avez oublié qu'elles existent, si vous vous défiez de vous-même, c'est que vous *allez trop souvent à contre-courant de vous-même.* Imaginez un homme qui possède ses deux mains, des mains habiles et qui, parce qu'il vit au pays des manchots, décide de se couper les mains ou de ne pas les utiliser! Voilà ce que vous faites quand vous cherchez à imiter les autres. *A quoi vous sert votre richesse,* à quoi servent les mains, *si vous voulez avoir celles d'autrui,* si vous voulez être manchot?

Et bien sûr, comment auriez-vous confiance en vous si vous devenez manchot? Vous aviez deux mains habiles, vous n'étiez pas fait pour les abandonner, et puisque vous avez renoncé à vous servir d'elles, vous doutez, vous ne savez pas, vous ne pouvez qu'imiter, vous avez peur d'être maladroit. Et vous l'êtes.

Ce que vous regrettez, cette confiance envers vous-même, elle vient de ce que *vous avez peur d'être vous-même,* vous doutez de vous, vous êtes sans force *parce que vous ne voulez pas être vous.*

Vous aurez confiance en vous
Quand vous agirez selon votre vérité
Selon votre loi
VOUS ALLEZ AVOIR CONFIANCE EN VOUS

Il le faut. Vous devez pour cela ne pas vouloir être autre chose que ce que vous êtes. Si je voulais par exemple, parce que mon nom est connu, que j'ai publié deux livres avec succès, écrire, à la place de ce livre-ci, un roman psychologique, peut-être parviendrais-je au bout de mon travail. Et l'éditeur accepterait mon livre en se disant « il y aura toujours des lecteurs qui voudront savoir ce qu'écrit Martin Gray ». Mais moi? Je serais devenu manchot. Je n'aurais pas confiance en moi, ce ne seraient pas mes mots que j'utiliserais mais des mots sans vérité. Je n'aurais pas *foi dans ce que j'accomplis.*

Car c'est un autre secret dans le secret, il faut, pour avoir *confiance en soi, croire,* avoir *foi* en ce que l'on fait. Savoir aussi qu'on apporte quelque chose de *vrai,* de *durable,* à soi, aux autres.

Si j'ai écrit avec l'aide de Max Gallo, *Au nom de tous les miens,* si Max Gallo et moi nous avons eu confiance dans ce livre et si nous avons choisi les mots qu'il fallait pour exprimer ce que j'avais à dire, c'est que moi, bien sûr, mais aussi Max Gallo avions *foi* dans ce que nous faisions. Je voulais témoigner et lui était convaincu que mon témoignage serait utile aux lecteurs, parce qu'il disait des temps barbares qu'ils ne devaient plus revenir et parce qu'il apportait la *foi* dans la vie et dans, finalement, le courage des hommes.

Quand j'ai écrit, après avoir longuement parlé avec Mme H.C. Erikson, *Le livre de la vie,* c'est que les lettres reçues après *Au nom de tous les miens* m'avaient donné *confiance.* J'avais foi dans ce qu'il me fallait expliquer de la vie. Et si je suis allé parler de ce livre, c'est que j'étais convaincu qu'il était *ma vérité* et qu'il apportait quelque chose de profond et de vrai à ceux qui le lisaient.

Si je continue aujourd'hui après avoir longuement médité, vu, écouté, appris au cours de mes voyages pour *Le livre de la Vie,* c'est que je *dois* communiquer ce qui me semble important. Et j'ai *confiance* parce que je *crois* dans ce que je fais, parce que c'est *ma vérité.*

Je ne pourrais agir ainsi, écrire ainsi, si j'allais à contre-courant de moi-même. Ou si j'écrivais simplement pour des motifs vulgaires.

Vous le sentiriez.

Je perdrais votre confiance et donc je perdrais confiance en moi.

Choisissez donc de faire ce qui *correspond au plus profond de vous-même*. Mieux : à chaque fois que vous devez agir, demandez-vous : « Est-ce *vraiment moi qui veux cela?* » Soyez sincère avec vous-même, *interrogez-vous*.

Vous êtes *unique*. Vous avez quelque chose d'*unique à exprimer*. Dans votre amour à quelqu'un, dans votre affection pour vos enfants, dans votre métier, quelle que soit votre activité, qu'il s'agisse de votre vie privée ou professionnelle, *essayez d'exprimer ce que vous êtes seul à pouvoir exprimer*.

Ainsi vous ferez surgir votre force, vous appellerez au jour cette richesse qui est en vous. Et vous croirez à ce que vous entreprenez et donc *vous aurez confiance en vous-même*.

Soyez vous, n'imitez pas.

Gardez vos mains. Ne cherchez pas à paraître différent. Ne jouez pas le rôle que souvent les autres ou la société cherchent à vous imposer. *Exprimez votre moi profond*, vous savez bien qu'il est en vous. Ne le cachez pas. *Libérez-vous* et libérez cette énergie, cette confiance qui sommeille.

**AGISSEZ AVEC NATUREL,
AVEC VÉRITÉ,
votre vérité
Ne cherchez pas à paraître,
ne cherchez pas à vous dissimuler
FAITES CONFIANCE,
ON VOUS FERA CONFIANCE
ET VOUS AUREZ CONFIANCE
EN VOUS-MÊME**

C'est le cinquième secret dont tout dépend.

Mais il ne faut pas vouloir tout, tout de suite. Celui qui relève d'une longue maladie ne doit pas oublier cette période de convalescence où lentement il va recouvrer ses forces. La confiance en soi, cette clé de votre avenir, si elle vous a manqué, ne se donne pas immédiatement. Il vous faut l'apprivoiser. Je me souviens d'une expérience. J'avais acheté, alors que j'étais encore antiquaire et que je faisais de courts séjours en France, une moto, pas très puissante, mais j'aimais recevoir l'air dans le visage et découvrir les paysages et les petites routes de ce pays que j'apprenais à aimer. Un jour, c'était une fin d'après-midi, la fatigue m'a enveloppé et je me souviens seulement, alors que je roulais sur une longue ligne droite, de mes pensées : « Ne t'endors pas. » Sans doute ai-je à peine fermé les yeux quelques fractions de seconde. Cela a suffi, je me suis réveillé alors que la moto allait droit contre un mur. L'accident a été mineur, quelques égratignures, une pédale tordue. Mais le lendemain, quand j'ai voulu repartir, je me suis aperçu, à mon grand étonnement, que je n'étais plus sûr de moi quand un tournant se présentait, j'avais la tentation de trop freiner, et une fois même il m'a fallu arrêter la moto tant le déséquilibre me paraissait grand. Peu à peu, accélérant chaque fois davantage, j'ai à nouveau conduit naturellement, retrouvé peu à peu ma *confiance en moi.*

Vous êtes peut-être ce malade qui réapprend à marcher. *Vous devez chaque jour découvrir votre richesse, vos possibilités, chaque jour gagner votre confiance en vous-même.*

Il faut d'abord, c'est le PREMIER PRINCIPE : que vous fassiez L'APPRENTISSAGE DE VOTRE VOLONTE.

Ne dites pas : je fais toujours ce qu'il faut faire.

Ne dites pas : pourquoi m'imposer de petites servitudes?

Il faut que votre volonté apprenne à se mettre en mouvement et que vous appreniez à lui *répondre.* Que diriez-vous d'une machine dans laquelle les commandes ne fonctionneraient pas? Vous accélérez et la voiture reste immobile. Vous freinez, elle continue de rouler. Peu importe la vitesse, ce qu'il faut, c'est que les mécanismes répondent.

Alors, *imposez-vous de petits exercices de volonté.*

Je vous ai demandé de respirer longuement, profondément, chaque jour. Le faites-vous? Marchez-vous comme je vous l'ai indiqué? Faites-vous les exercices qui doivent soutenir votre arbre de vie?

Ces exercices ne sont pas seulement des mouvements physiques; ils sont un moyen d'entraîner, de contrôler votre *volonté.*

Mais il faut que vous choisissiez d'exécuter un *exercice simple* : qui sera comme le test quotidien de votre capacité de vous mettre en mouvement sur ordre de votre volonté, c'est-à-dire d'obéir à une nécessité qui sera choisie par vous.

Cet exercice, je le laisse à votre libre choix.

L'un de mes amis, un peintre, s'imposait chaque matin, avant de se mettre à sa toile, d'aller jeter dans la mer un galet, et ce par n'importe quel temps, quelle que soit l'urgence des autres tâches qu'il avait à accomplir. Mais vous pouvez choisir de lire une page — et pourquoi pas précisément une page de ce livre qui est le vôtre? — chaque jour, à une heure déterminée. Vous pouvez vous imposer de faire le tour de votre immeuble.

Mais il faut que vous *répétiez chaque jour* cet acte que vous avez choisi. Cet acte qui est comme un pli que chaque jour vous allez donner à vous-même. Pour que le jour où votre volonté aura besoin de vous demander de rester ferme, vous sachiez répondre, parce que vous avez pris l'*habitude d'utiliser votre volonté.* Qu'elle s'est, jour après jour, par la *répétition de ces exercices* qui vous paraissent anodins, *formée.*

De savoir ainsi que vous pouvez compter sur vous, que vous êtes capable de réagir va vous donner *confiance en vous-même.*

Je me souviens de l'un de mes enfants. Je ne veux plus le nommer. Il est seulement l'un des miens, cette partie la plus belle et la plus noble de moi que j'ai perdue et il ne me reste qu'un vide. Et c'est pour cela que je vous parle, c'est pour cela que j'ai besoin de savoir que vous écoutez ce que je vous dis, que ces mots vont germer en vous et que vous allez me répondre, vous répondre. Changer en vous ce qui ne vous satisfait pas, me répondre et répondre, au plus profond de vous-même, à vous-même. A ces questions que vous étouffez et qui ne demandent qu'à s'élever. Il faut que vous osiez parler à haute voix. Pour vous épanouir. Je me souviens de l'un de mes enfants.

Dina lui apprenait à nager dans l'eau claire, vers 2 heures de l'après-midi, quand les plages sont moins peuplées. C'est l'heure que nous choisissions pour notre baignade. Je les regardais avec émotion. Dina patiente, mon enfant hésitant. Il avait les bras tendus, et elle le tirait, ses petites mains agrippées aux siennes. Il n'était pas très rassuré et pourtant elle le lâchait, elle l'obligeait chaque jour à nager seul quelques centimètres de plus. Et peu à peu, il s'écartait de Dina, il prenait confiance en lui. Et, enfin, un jour, il s'est éloigné.

Vous êtes cet enfant qui peu à peu apprend à nager. Comme lui, chaque jour, gagnez quelques brasses, avancez-vous vers vous-même. Faites ces exercices physiques qui donneront à l'arbre de votre vie la vigueur nécessaire à vous soutenir.

Devant une tâche qui vous inquiète, parce que vous l'estimez considérable, ne vous affolez jamais.

Pour celui qui ne sait pas nager, avancer librement en flottant tient du miracle. *Vous*, vous avez confiance *en vous*.

Alors vous évitez de vous AFFOLER. Faites appel à votre volonté. GARDEZ LA MAITRISE DE VOUS-MEME, C'EST LE DEUXIEME PRINCIPE.

Il n'est pas de tâche qui ne se puisse partager. Ce tas de pierres devant ma maison, avec lequel je devais bâtir un mur, croyez-vous que je pensais possible de le faire disparaître, de transformer ce chaos en ordre? Et pourtant, en prenant une pierre, une seule pierre, tout est devenu possible.

Il faut apprendre, TROISIEME PRINCIPE, A COMMENCER, A FRAGMENTER et DIVISER CE QUE VOUS AVEZ A ACCOMPLIR et qui vous *inquiète*. J'étais inquiet aussi en commençant ce livre. Mais en même temps, j'avais confiance en moi car je voulais — *vouloir*, voilà ce qu'il vous faut apprendre — l'écrire. Vous parler pour vous inciter à vous parler, à vous-même, à ceux que vous aimez. Au début, je ne savais pas comment j'allais organiser ces idées qui venaient en foule. J'ai lu des dizaines de livres, ceux que j'avais étudiés, il y a des années, quand j'avais décidé que les miens et moi nous appliquerions une méthode naturiste de vie. J'avais alors acheté de nombreux livres de médecine et de diététique. Je voulais aussi réaliser moi-même les accouchements de ma femme. Pour que je sois le premier — et elle le voulait aussi — à prendre entre mes mains la vie que nous avions créée. J'ai relu tous ces livres car je voulais que ce que j'avais compris alors, je puisse le transmettre, à vous qui me lisez. J'ai longuement médité sur tous ces livres de sagesse que l'Orient nous envoie. Et j'ai rencontré des hommes et des femmes qui, de foi différente, me parlaient de leur croyance et des règles de leur vie. J'ai lu, j'ai rencontré, j'ai parlé, j'ai médité.

Mais j'étais inquiet. Comment faire que tout cela soit dans ce livre? Comment construire un livre qui devienne aussi le vôtre et soit votre instrument? J'ai commencé. Et commençant, trouvant les mots, les uns après les autres, écoutant ma voix, ma confiance devenait encore plus grande.

Pour AVOIR CONFIANCE en SOI
Il faut vouloir
Il faut COMMENCER
Pour commencer
Il FAUT
Faire un premier geste simple
Sans ambition
Un geste modeste, que l'on sait
pouvoir faire
Et puis un autre
Et tout s'enchaîne

Alors, retournez-vous. Regardez le chemin parcouru. Et d'avoir fait, pas après pas, vous donnera *confiance*. Et vous irez un pas plus loin, un pas encore. Un mur, c'est ainsi qu'on le bâtit pierre après pierre.

Ce livre c'est ainsi que je l'ai écrit, un mot après un mot.

Et vous?

Vous devez être vous-même. Vous devez réussir à *imprimer* ce que vous portez en vous, ces rêves, ces souvenirs, cette force unique et belle qui est *vous*, *ayez confiance en vous*.

Vous pouvez, vous *devez*.

Ne dites pas : c'est trop tard.

Ne dites pas : c'est trop tôt.

Chaque jour, il y a une marche à gravir. Je ne parle pas de l'ambition vulgaire. Celle qui se perd dans la poursuite insensée de la fortune, de la gloire ou du pouvoir sur les autres hommes. Dans *Le livre de la vie*, j'ai parlé de cela, de mon expérience, de ces gouffres où l'homme se perd.

Votre ambition doit être de vous *épanouir*. Vous savez mieux maintenant ce qui était en vous. Ce qu'il faut donner à votre corps. Ce que vous devez exiger de vous-même, de votre volonté. Pour être plus heureux.

Vous avez déjà dans votre vie éprouvé ce sentiment de légèreté que donnent la joie, la joie d'accomplir, d'aimer le monde, les autres. Un soleil se couche et le spectacle est si beau que vous êtes heureux. Votre enfant s'endort et sa quiétude est si totale que vous avez envie de pleurer de joie. Quelqu'un, celui ou celle que vous aimez, s'élance vers vous, vous lisez dans ses yeux la joie qu'il a à vous retrouver et votre poitrine s'ouvre comme si le monde entrait en vous.

Ce bonheur d'un instant, vous pouvez le prolonger. Faire que chaque jour vous connaissiez cette légèreté, ce sentiment de liberté.

SOYEZ vous-même
N'imitez pas
Soyez vrai
Exprimez-vous
Agissez, commencez
Ayez confiance en vous
Obligez-vous à agir
Et la confiance viendra

Avez-vous *choisi* ce que chaque jour vous allez accomplir pour entraîner votre volonté?

Faites-vous les exercices physiques élémentaires dont vous savez qu'ils vous sont bénéfiques?

Vous faites-vous aider par ceux qui vous aiment?

Faites-leur lire ce livre.

Vous aurez en commun un *même projet*. Vous *partagerez* cette volonté de *changer votre vie* dans ce qu'elle a encore de *lourd et de maladroit*. Vous partagerez votre volonté. Vous partagerez votre confiance.

MAIS PARTAGER C'EST MULTIPLIER.

Vous, vos pensées, vos rêves, votre vie, VOTRE LIVRE

Confiez-vous à vous-même. Et puis partagez, échangez vos rêves, vos idées. Ecrire vous donne CONFIANCE. Ecrire est un exercice de VOLONTE. Ecrivez le premier mot, c'est un acte, vous COMMENCEZ, regardez ce que vous avez écrit depuis le début de ce livre. Si vous n'avez écrit qu'un mot chaque fois, leur somme fait déjà une phrase. Si vous n'avez rien écrit encore, commencez, commencez...

TROISIÈME PARTIE

VOUS ALLEZ VOUS ÉPANOUIR

11

LA FORCE BÉNÉFIQUE DE VOTRE ÉNERGIE PSYCHIQUE

J'ai appris, il y a longtemps maintenant, que l'homme a des pouvoirs qu'il ignore. Des ressources qu'il se cache à lui-même. Je me souviens de cette époque de guerre, et nous étions passés, en quelques jours, du bonheur et de la sécurité au malheur et à l'enfer. Parfois, quand nous nous rencontrions sur les places éloignées avec mon père, il avait le temps de me dire : « Regarde les hommes, Martin, regarde-les, ils ne savent pas eux-mêmes de quoi ils sont capables. » Peu à peu, alors que se déroulait la tragédie, j'ai compris le sens de ces paroles. J'ai vu l'adolescente qui se jetait vivante contre un tank et j'ai vu l'homme qu'on imaginait saint vendre pour un morceau de pain les siens. Puis j'ai connu, bien des années plus tard, le drame qui m'a laissé seul. Et je n'aurais jamais cru que la vie en moi serait la plus forte, que j'allais réussir, blessé comme je l'étais, à continuer à marcher, à tracer même une nouvelle route. Bien sûr, je vous *dois beaucoup,* vous mes lecteurs, qui m'avez, de vos lettres et de vos pensées, tant de fois, alors que je risquais peut-être de plier le genou, soutenu. Vous m'avez, par cette chaîne d'amitié qui s'est formée entre nous, empêché de m'écarter de la route juste. Vous m'avez à moi-même révélé les pouvoirs que j'avais en moi.

Je croyais pourtant me connaître bien après ces

années de combat, ces évasions, cette longue vie déjà dans des pays si différents.

Mais qui sait jamais clairement les pouvoirs qui sont en lui?

Je voudrais vous aider à *découvrir les pouvoirs qui sont en vous.* Ils vont vous permettre de faire face, ils vont vous donner les moyens de vous *épanouir.* Et vous allez aussi reconnaître que ce sont eux qui vous entraînent parfois sur les routes de la colère ou du désespoir.

Car vous savez qu'il y a des soirs ou bien, pour certains, c'est le matin, quand il faut à nouveau affronter cette longue journée de travail, et vous essayez pourtant de vous raisonner, la tristesse vague d'abord, puis le désespoir, vous alourdissent. Vous êtes gênés dans vos mouvements comme si un poids, en vous, vous maintenait immobile. Vous êtes triste et vous ne savez pas bien pourquoi. Vous pensez au passé, l'avenir vous paraît incertain, il vous semble que vous avez perdu ce qui faisait la raison de votre vie et vous ne savez plus *pourquoi il faut vivre.*

J'ai connu, comme vous, ces moments-là. Et tant de lettres me disent cette difficulté qu'on a parfois à continuer à se lever encore, à travailler encore, à regarder en face ces problèmes qui s'annoncent, une maladie, un travail difficile, un entourage indifférent, ou simplement à recommencer.

Je vous dis : en vous il est des pouvoirs que vous devez contrôler. Que vous devez utiliser pour échapper à ces angoisses et vous épanouir.

L'angoisse d'abord.

Je la connais et vous la connaissez.

Elle est là, au creux de la poitrine, légère d'abord et puis elle enfle, et pour la chasser vous êtes violent avec ceux qui vous entourent, comme si la colère pouvait avoir prise sur elle, ou bien au contraire vous restez immobile et silencieux comme si elle allait s'assoupir en vous, disparaître.

Ce n'est pas ainsi que vous réussirez à maîtriser cette compagne invisible qui vous dévore. *Il faut que vous osiez regarder en face votre angoisse.* Car, vous ne le savez peut-être pas, mais vous la masquez. Vous pensez : « J'ai peur de grossir », et cela vous angoisse, perturbe toute votre vie. Vous ne voulez plus sortir avec vos amis, vous refusez les invitations. Vous vous pesez. Vous vous interrogez sans cesse : ai-je grossi? Ai-je trop mangé? Ou bien vous pouvez croire que vous maigrissez.

Ce ne sont pas les vrais visages de votre angoisse : en vérité, vous avez peur de votre avenir. Peur du temps qui passe, des transformations qui vont se faire, dans votre physique. Et vous avez peur du *regard des autres;* peur de ne trouver personne pour partager votre vie ou bien peur de *perdre celui que vous aimez.* Et votre angoisse, la vraie, et profonde angoisse, se masque sous ces questions anodines : ai-je grossi, ai-je maigri?

REGARDEZ EN FACE VOTRE ANGOISSE

Osez vous avouer ce qui, au plus profond de vous, vous fait vraiment peur. Vous ne l'ignorez pas. *Chacun au fond de soi sait bien ce dont il a peur.* Alors il vous faut arracher les masques. Atteindre au *fond,* nommer ce qui vous inquiète. *Osez dire.* Car *dire* est le premier pas. Si vous prononcez à haute voix les mots qui vous font peur, vous vous rendrez compte qu'il ne s'agit que de mots. Si vous nommez ce qui vous inquiète sans doute pourrez-vous *mieux le maîtriser.*

DE QUOI AVEZ-VOUS PEUR?
QUE CRAIGNEZ-VOUS?
Arrêtez-vous de lire
Interrogez-vous
Arrachez les masques
Regardez les vrais visages
de vos angoisses
Osez les nommer
Interrogez-vous
DE QUOI AVEZ-VOUS PEUR?

Il n'est pas facile de répondre mais vous devez recommencer, poser cette question pour parvenir à connaître les *racines de votre angoisse et son véritable visage.* Car, tant que vous ne l'aurez pas nommée, elle sera comme un aimant puissant qui capte les forces, les pouvoirs et les énergies qui sont en vous. Et elle devient forte parce que votre énergie psychique qui pourrait vous permettre de vous épanouir, vous donner les moyens de créer, voilà que votre angoisse l'absorbe, la transforme en une *énergie négative* qui, au lieu de *sortir de vous* pour *modifier ce qui vous entoure,* vous aider à améliorer vos rapports avec les autres, mieux les aimer, les aider, *reste en vous et vous ronge.*

De quoi avez-vous peur?

Interrogez-vous sans relâche et interrogez aussi votre passé.

Si je vous ai demandé depuis le début de ce livre que nous faisons ensemble, vous et moi, de *retrouver votre passé,* de l'interroger sans fin, de l'écrire aussi dans ces pages blanches que je vous propose à la fin de chaque chapitre, c'est que souvent c'est *dans votre passé que se trouvent enfoncées les racines de votre angoisse. Votre peur n'est peut-être qu'un héritage.* Et qui peut le savoir sinon vous? Et comment le savoir si, quand l'angoisse vous saisit, plus forte, vous ne tentez pas d'en dégager les causes lointaines?

Car *votre vie intérieure est un labyrinthe,* et il vous faut tâtonner, *vouloir,* pour en trouver l'issue. La légende, vous vous en souvenez, dit que, au centre du labyrinthe, il y a un animal monstrueux, un minotaure. Chaque année, il exige qu'on lui donne des jeunes gens qu'il dévore. Tous ceux qui ont voulu le tuer se sont perdus dans le labyrinthe, errant sans fin, sans trouver la sortie, et finalement ils sont tombés victimes du minotaure. Un jour est venu Thésée. Ariane lui a attaché au poignet un long fil dont elle tenait l'extrémité et, puisqu'elle restait hors du labyrinthe, Thésée a pu s'orienter et retrouver la liberté.

Les légendes anciennes disent souvent une profonde vérité. Vous êtes pour vous-même cet animal qui dévore. Et c'est vous qu'il dévore si vous ne parvenez pas à connaître les secrets du labyrinthe. Ce livre peut être pour vous le FIL d'ARIANE. Interrogez votre passé.

Il n'est sûrement pas aussi simple que vous l'imaginez. Vous avez en effet trop souvent glissé sur la surface des événements — ou bien ignoré ceux que vous aimiez et qui vous aimaient, vous n'avez pas assez interrogé leur vie, leur regard. Les questions qu'ils vous posaient, leurs appels — et parfois des appels à l'aide — les avez-vous entendus? Vous êtes passé, vite.

Mais ces événements, ces êtres vous ont marqué. Ils sont en vous comme la trace d'anciens sillons qu'on retrouve parfois quand on survole en avion les provinces des vieux pays et on se rend compte que depuis des siècles les paysans reprennent l'antique tracé, sans le savoir.

Vous portez en vous, sans vous en rendre compte, ces traces. Que vous soyez jeunes encore ou que déjà la vie derrière vous ait laissé un long sillage.

INTERROGEZ VOTRE PASSÉ

Et d'abord, mesurez l'influence qu'ont eue sur vous vos parents. Ne vous contentez pas de dire : « Ma mère est toujours de bonne humeur, elle me parle librement. » Ou bien, « mon père était un homme sans problème, je me souviens de lui... »

Interrogez leur vie aussi, essayez de les comprendre vraiment. *Pour vous comprendre*. Votre angoisse, vos peurs, ce sont peut-être les leurs qu'ils vous ont léguées, comme ils vous ont transmis la couleur de vos cheveux. Ils vous ont peut-être chargé, sans le vouloir et sans que vous le sachiez, des désirs qu'ils n'ont pas pu accomplir. Ils veulent, sans en avoir vraiment conscience, que vous réalisiez ce qu'ils ont étouffé.

Et cela n'enlève rien à leur amour pour vous, ni à celui que vous leur devez — ils vous poussent dans des voies qui prolongent celles qu'ils ont empruntées ou qu'ils ont rêvé d'emprunter. *Il faut que vous soyez vous.*

Il faut que vous vous débarrassiez de cette charge d'angoisse transmise. Il faut que vous compreniez d'*où vous venez*, comment vous avez été *modelé*. Non pas seulement à l'extérieur de vous-même, mais bien, et c'est, vous le devinez, plus important, à l'*intérieur de vous-même*.

Tant que vous ne saurez pas ce que sont vos racines, pourquoi cette angoisse parfois se tord en vous et vous semble incompréhensible, vous ne pourrez pas vous *épanouir*. Peut-être ceux qui vous ont aimé, ceux qui ont fait de vous ce que vous êtes, les premières mains, les premières voix qui ont influencé votre démarche et votre caractère, ont-ils sans le vouloir fait naître en vous des habitudes néfastes. Ils vous ont, qui sait, écrasé de leur propre échec.

Interrogez leur vie, pour la comprendre et *vous comprendre*.

J'ai rencontré, il y a quelques mois, un adolescent taillé en athlète. Un sourire franc, une allure sportive et des mouvements vifs qui disaient en lui l'homme qui viendrait, rapide et décidé. Mais en parlant avec lui, je notais dans la voix des hésitations, il commençait ses phrases par une formule nette, une proposition précise et, au fur et à mesure qu'il parlait, les autres mots venaient détruire les premiers, et à la fin on ne savait plus ce qu'il voulait. J'avais l'impression d'avoir devant moi une marionnette à laquelle on laisse la liberté des mouvements et que tout à coup on retire, ou bien pire encore, un chien qui a une longue laisse, auquel on permet de courir et que tout à coup on freine d'un coup sec et qu'on oblige à revenir. Plus tard, j'ai vu la mère de ce jeune homme, belle, et dans les yeux tous les regrets d'une vie qu'elle estimait imparfaite. Plus tard, j'ai vu le père : incertain et humble, avec dans la voix toutes les hésitations d'un homme qui estime qu'il n'a pas réussi à vivre comme il aurait fallu, pour que son épouse le reconnaisse comme un vainqueur. Ils adoraient leur fils; et pourtant il suffisait de voir ces trois êtres côte à côte pour deviner que les parents avaient chargé de problèmes psychologiques la jeune force qu'ils avaient fait naître et dont ils étaient si fiers. Ils avaient ligoté leur fils comme les nains qui entravent Gulliver.

Les liens sont invisibles parce qu'ils sont en nous, mais il faut les reconnaître, s'en débarrasser, ou bien, c'est le risque de demeurer inachevé, inaccompli.

IL FAUT QUE VOUS VOULIEZ VOUS EPANOUIR

Quand vous aurez regardé derrière vous, quand vous comprendrez la vie de ceux qui vous ont entouré, quand vous aurez su découvrir ce qu'ils vous ont légué, quand vous saurez identifier en vous ce qui n'est pas vous, mais *eux*, alors vous pourrez devenir vous-même. *Utiliser à votre bénéfice l'énergie psychique qui est en vous.*

Cette *énergie*, elle n'est pas inépuisable. Si vous répétez des comportements qui ne sont pas les vôtres. Si au lieu de construire vous détruisez. Si vous vous perdez dans la contemplation d'autrui, répétant — et j'ai connu tant de gens atteints de cette maladie psychologique — que les « autres ont plus de chance, que les autres sont plus adroits, plus intelligents, mieux pourvus », si vous passez votre vie tourné vers votre passé, si vous la perdez en vous comparant sans fin à vos voisins, à vos amis, alors votre énergie psychique devient une force négative.

J'avais un ami qui me racontait toujours, quand je le voyais, les dernières lubies de son concierge. Un homme qui avait la soixantaine à peine et qui vivait replié sur lui-même, répétant chaque fois que son ami le croisait : « Je les hais tous! » Tous : tous les autres. C'est l'exemple extrême d'une énergie psychique qui se perd dans les sables marécageux de la rivalité avec autrui. D'autres perdent leur énergie psychique dans le *regret* du passé à jamais disparu. *Ils tournent autour de ce qu'ils n'ont pas pu accomplir comme ces animaux qu'on attache à un pieu au milieu d'une cour.* Ils sont pleins de force mais ils vont en rond. Ils ne peuvent s'écarter de cet axe auquel ils sont liés. Ils ne connaîtront pas la joie des courses libres dans les champs et les forêts.

D'autres épuisent leur énergie psychique dans la *répétition* : ils recommencent sans fin. Ils s'obstinent alors que leurs actes ne viennent pas du plus profond d'eux-mêmes, mais leur sont dictés par la mode ou bien par l'influence qu'ils ont reçue. Ils recommencent et naturellement puisqu'ils ne sont pas poussés par une vraie force personnelle, ils retombent, se relèvent, recommencent. Un jour, ils s'apercevront que ce n'était pas la bonne route. Ils sont comme ces hommes ou ces femmes toujours en quête d'un amour plus vif que celui qu'ils vivent, Don Juan, ils croient que demain ils trouveront une passion plus forte alors qu'il leur suffirait de vouloir construire, consolider celle qu'ils partagent pour atteindre le bonheur. Mais ils gaspillent leur énergie psychique dans d'inutiles poursuites.

D'autres se contemplent avec satisfaction et leur énergie psychique n'est capable que de produire l'orgueil. Elle est vidée de toute sève.

Il faut que vous sachiez éviter ces pièges : de la répétition, du regret, de la contemplation passive et satisfaite de soi, de la comparaison avec les autres, de la haine, de la jalousie, de l'envie.

SOYEZ VOUS-MÊME
METTEZ VOTRE ÉNERGIE PSYCHIQUE
A VOTRE SERVICE
Creusez votre route, droite
ORIENTEZ POSITIVEMENT
VOTRE ÉNERGIE PSYCHIQUE

Ne dites pas : je ne peux pas, je ne sais pas.
Ne dites pas : cela ne me concerne pas.

Vous pouvez, à la condition de le vouloir. Et vous devez toujours veiller à une saine orientation de votre énergie psychique. Il est si facile de la laisser se perdre.

Comment agir alors?

En étant soi-même. Déjà, puisque vous êtes parvenu à ce point de « notre » livre, vous savez qu'il faut veiller à se *concentrer sur soi.* Non pas pour s'enfermer! L'égoïsme est une prison dont le sol est fait de sable et votre énergie psychique s'y perdrait tout comme l'eau claire dans les dunes du désert. Se concentrer, cela signifie se *rassembler sur ce qui est essentiel en soi.* Rejeter les chaînes du passé, dessiner soi-même son visage et soi-même tracer son chemin.

Vous en êtes capable! Mais il faut appliquer à cette tâche votre énergie psychique.

Ne vous laissez pas distraire; je vous ai dit déjà : *sachez ce que vous voulez.* Mais il faut le vouloir longtemps, c'est-à-dire chaque jour et chaque jour *positivement.*

Abandonnez les attitudes négatives. Ne donnez pas naissance à ces mots inutiles qui vous empoisonnent : « Je ne réussirai pas, je ne suis pas assez fort, je ne suis pas beau, il ne m'aime pas, jamais je ne parviendrai à atteindre ce que je désire. »

Ces mots, ces pensées *dévorent votre énergie psychique.* Ils créent autour de vous un *cercle négatif où vous vous emprisonnez.* Et, au centre de ce cercle vous vous débattez avec vos propres doutes, vos questions. Votre énergie, au lieu de vous *projeter en avant,* vers le monde où il vous faut entrer si vous voulez vous transformer ou le transformer, vous l'employez à vous ligoter, à vous affaiblir.

Vous devriez au contraire soutenir de votre pensée vos efforts. VOTRE ENERGIE PSYCHIQUE A BESOIN DE VOTRE CONFIANCE.

En tout cas ne détruisez pas d'une main ce que l'autre tente de faire.

Voyez-vous, maintenant que derrière moi s'allongent

déjà les années, que je peux interroger ma propre vie, parce qu'elle a été mêlée à tant de drames, qu'elle a été traversée de tant d'inattendu, je sais que l'une de mes forces, *c'est la confiance*, c'est *le pari sur soi-même*, sur *l'avenir*, sur les *autres*. Je n'ai pas mutilé moi-même mon énergie psychique. Et je le dois à mon père, qui m'a, dès les premières années, alors que la guerre déjà couvrait nos vies, donné confiance.

Quand, enfermé dans cette ville vouée à la mort, j'ai pour la première fois franchi les limites interdites par les bourreaux, un homme qui appartenait au camp des bourreaux m'a vu et s'est tu. C'est aussi grâce à lui que je suis vivant. Ce soldat ennemi, ce frère inconnu. *Mais j'avais eu confiance*. Mais *j'avais agi*.

Car votre énergie psychique ne peut se déployer que si vous *agissez*.

Cela je vous le répète depuis que vous et moi nous rencontrons à chaque page de ce livre.

AGISSEZ. Quelque chose ne va pas? Ne vous lamentez pas. Cherchez de l'aide et commencez à changer ce qui ne va pas. Il n'est pas nécessaire de *tout* changer. Vous ne le pourriez pas en une seule fois. Mais, il vous faut *vouloir changer*. Et pour cela *commencer*.

Ainsi vous sortirez du cercle; vous libérerez votre *énergie psychique*. Vous exprimerez des forces dont vous ignorez vous-même qu'elles sont en vous, comme les eaux détenues derrière un barrage et qui tout à coup s'élancent et donnent l'énergie.

Trop souvent, votre puissance, votre énergie ne sont pas exploitées. *Vous avez peur. Vous doutez.*

Élancez-vous. Commencez à agir
Chaque homme, chaque femme, possède
une IMMENSE ÉNERGIE PSYCHIQUE
Chaque homme, chaque femme
a une réserve immense de force
FAITES-VOUS CONFIANCE
LAISSEZ VOS ESPOIRS S'EXPRIMER

Qu'ils vous poussent
Qu'ils ouvrent les vannes
de VOTRE ÉNERGIE PSYCHIQUE
QUE VOTRE ÉNERGIE VOUS ENTRAÎNE

Elle est généreuse. Si vous la dégagez, elle vous permettra d'obtenir. *Faites*. Chassez les mots qui vous paralysent, le passé qui vous emprisonne.

Tournez vers l'extérieur votre énergie psychique. Soyez vous-même.

Vous, vos pensées, vos rêves, votre vie, VOTRE LIVRE

Donnez-vous confiance. Ecrivez. Non pas des mots négatifs, mais des mots de FORCE qui vont vous soutenir. ECRIVEZ VOS PROJETS. Dressez une LISTE DE CE QUE VOUS VOULEZ. Donnez-vous un CALENDRIER de ce que vous devez faire. Vous devriez maintenant vous connaître mieux. Alors il faut vous tourner vers demain, vers les autres. IL FAUT COMMENCER A AVANCER VERS L'EPANOUISSEMENT. Et pour cela AGIR.

Ces mots que vous allez écrire, c'est comme si vous dessiniez sur une carte le tracé de la route que vous voulez suivre. Alors avant de vous engager, sachez où vous voulez aller. TENTEZ DE PREVOIR. Bien sûr vous changerez en cours de route. Vous serez peut-être conduit à contourner un obstacle, à préférer tel parcours à tel autre. Mais le but final, il faut que vous en ayez une idée déjà.

C'est celui qui connaît clairement ses désirs qui peut les satisfaire.

COMMENCEZ DONC, ici, à ECRIRE VOTRE AVENIR, tel que vous le désirez, et ce sera la première action que vous entreprendrez pour le REALISER. Ecrivez...

____

____

____

____

____

____

____

12

DÉCOUVREZ LES POUVOIRS QUI SONT EN VOUS

Je lisais le livre de Soljénitsyne *L'archipel du Goulag* et je me suis arrêté, envahi par les souvenirs. Je n'ai pas connu les camps dont il parle, mais je sais ce qu'est la détention, la violence, la peur de l'homme prisonnier. Je sais aussi ce que sont les *pouvoirs de l'esprit* et à chaque page du livre je les retrouvais ces pouvoirs. Je revoyais ces hommes indestructibles que j'avais côtoyés et qui, comme Soljénitsyne, avaient en eux la puissance du savoir et la force du caractère qui leur permettaient, à eux les prisonniers, eux les condamnés à mort, d'être *plus forts* que tous les bourreaux.

C'est dans les camps, en prison, que j'ai mesuré les *pouvoirs immenses* qui sont en chaque homme. Pouvoirs de destruction, bien sûr, si l'énergie psychique n'est pas maîtrisée, si elle est comme un torrent qui balaie tout sur son passage. Et j'ai vu des hommes en proie à la colère, s'entre-tuer ou bien se détruire, se suicider, utilisant toutes leurs forces pour nier leur vie. Pouvoirs de haine qui détruisent les autres et à la fin conduisent aussi le bourreau à sa perte. Mais cela, qui ne le sait pas? Qui n'a vu la colère ou la violence, l'erreur, le mal en action une fois dans sa vie?

Il ne faut pas excuser ces hommes qui deviennent des bourreaux, mais il faut comprendre qu'eux aussi, à leur manière, disent qu'il y a en chacun de nous une *puissance* dont on ne soupçonne pas la force.

Ces pouvoirs, cette puissance, ils sont en vous. *Il dépend de vous qu'ils vous servent. Il dépend de vous d'être leur esclave et leur victime.* Si vous ne les maîtrisez pas, si vous ignorez votre énergie psychique, ils vous balaieront. Si vous les mettez à votre service, vous serez capable, enfin, d'obtenir ce que vous désirez. *Votre avenir deviendra réalité.* Déjà je vous ai dit qu'il faut vous connaître et briser le cercle négatif dont parfois vous vous entourez. Maintenant il faut que vous *utilisiez les pouvoirs de l'intelligence.*

Ne dites pas : je n'ai pas fréquenté l'université.

Ne dites pas : je n'ai pas un métier intellectuel.

Les pouvoirs dont je vous parle ne se mesurent pas au nombre d'années passées dans une salle de classe ou dans un amphithéâtre d'université. Ils ne tiennent pas à la quantité de connaissances que vous possédez.

Croyez-moi, j'ai connu dans ma vie des centaines d'hommes et de femmes appartenant à tous les milieux, effectuant toutes sortes de métiers. J'ai connu des bouchers et des violonistes, de grands photographes, des écrivains et des paysans, des forgerons et des peintres. En tous j'ai senti qu'il y avait les pouvoirs de l'intelligence, ces *pouvoirs que vous possédez aussi.*

Je ne dis pas que vous avez su, que vous savez les exploiter. Vous ignorez sans doute qu'ils existent en vous. Vous êtes comme tant d'hommes et de femmes victimes des apparences : vous croyez que les pouvoirs de l'intelligence dépendent des connaissances accumulées ou des diplômes universitaires. C'est faux. J'ai rencontré des professeurs dont les pouvoirs de l'intelligence étaient faibles et des bûcherons dont les pouvoirs étaient immenses. Car ces pouvoirs dépendent d'abord de votre personnalité complète. Penser, inventer, utiliser son intelligence c'est aussi une question de *cœur* et cela dépend de la *volonté*. Il faut aussi, comme dans n'importe quel acte de la vie, *avoir confiance*. Une pensée, un raisonnement, ce sont des actes et pour agir il faut vouloir. Et pour réussir un acte il ne faut pas l'envelopper de craintes et d'hésitations.

Il vous faut donc avoir confiance dans *votre intelligence*, dans ses pouvoirs. Peut-être, simplement, avez-vous ignoré quelques principes simples qu'il faut appliquer si l'on veut utiliser cette pensée qui nous distingue, nous fait homme et nous permet d'entreprendre. Ces principes de développement de l'intelligence je ne les ai pas découverts seul. Quand je suis arrivé aux Etats-Unis je n'étais qu'une force tumultueuse qui savait peu d'elle-même, comme une terre qu'on n'a pas encore labourée mais où poussent seuls quelques plants qui donnent une récolte de hasard. Puis, peu à peu, parce que ma vie changeait, j'ai commencé à réfléchir sur moi et dès que j'ai connu Dina, que mes enfants sont nés, nous avons voulu qu'ils aient entre les mains toutes les chances que la vie leur donnait. J'ai lu. J'ai rencontré des hommes sages qui savaient. Je les ai interrogés et c'est par eux que j'ai appris. Depuis je ne cesse pas d'apprendre et mon drame, qui m'a laissé seul, m'a aussi donné un nouvel élan pour tenter de comprendre encore mieux ce qu'est l'homme et ce qu'il porte en lui.

Si je vous dis d'écrire à la fin de ces chapitres c'est que j'ai moi-même expérimenté combien c'est utile pour se connaître et se préparer à l'action. Je me souviens de mes conversations avec l'écrivain Max Gallo qui avait, lui, l'habitude de s'exprimer. C'est lui qui m'a donné le goût des mots, qui m'a fait découvrir combien il est enrichissant d'exposer sa pensée. Aussi LE PREMIER PRINCIPE que je voudrais que vous appliquiez, c'est celui D'ECRIRE ET DE PARLER, de vous forcer à construire des phrases et des exposés clairs, complets.

Reprenez ce livre à la fin du premier chapitre. Relisez ce que vous avez écrit. Cela vous a aidé de l'écrire. Cela vous aide de le relire.

Efforcez-vous de parler vos idées, de les écrire.

Simplement. Des phrases courtes qui sont des idées claires, qui sont des actes.

Vous allez fermer ce livre et vous contraindre dans la page qui vient — qui est votre page — à *exposer clairement vos réflexions et vos projets. Fermez ce livre. Ecrivez.*

ECRIVEZ VOTRE LIVRE

Relisez les mots que vous venez d'écrire. Si vous avez été sincère, si vous avez organisé vos phrases selon les règles de la *simplicité et de la clarté* — et ce sont les règles naturelles de l'expression — alors de vous relire doit vous donner une *sensation de force et vous rassurer.*

Votre énergie psychique se trouve *canalisée par les mots et les pensées.* Elle n'est plus le torrent qui vagabonde et qui peut provoquer des ravages — cela s'appelle la colère, la violence — mais l'eau contrainte de couler entre des digues, l'eau qui irrigue et qui alimente.

Cela il faut l'éprouver, le comprendre avec votre chair; les mots et les pensées ne sont pas *innocents.* Vous ne devez pas céder à la tentation de laisser vos pensées *divaguer.* Elles entraîneront avec elles votre énergie psychique et celle-ci se perdra comme l'eau dans les sables, inutilement.

Que les mots, que les idées soient pour vous *moyen de vous rassembler* car si vous voulez profiter des *pouvoirs qui sont en vous,* il faut, c'est le DEUXIEME PRINCIPE : APPRENDRE A VOUS CONCENTRER. Imaginez que vous avez en vous une énergie psychique qui rayonne comme le soleil. Si vous laissez ce rayonnement se diffuser sans règle, alors vous serez sans force, votre énergie se perdra. Mais si vous *concentrez* chaque rayon comme les épis de blé dans une gerbe, alors de même qu'avec une loupe et le soleil vous pouvez faire prendre feu à un papier, de même vous percerez les obstacles et vous ouvrirez pour vous la *voie de l'avenir.*

Il vous faut aussi, comme le fait le jardinier qui veut qu'un arbre pousse haut, couper les branches mortes ou les rameaux qui prennent de la sève sans profit pour le rameau principal.

IL FAUT QUE VOTRE ENERGIE PSYCHIQUE VOUS LA CONCENTRIEZ ET LA DIRIGIEZ VERS UN BUT QUI SERA CELUI DE VOTRE VIE.

Même si vous n'aspirez ni à la gloire, ni à la fortune, ni au succès, vous avez dans votre vie des *buts* que vous voulez *atteindre*. Ils sont vôtres et valent tous ceux que se donnent les hommes qui recherchent les honneurs. Ils sont nobles et beaux : ils sont vôtres.

Pour atteindre vos buts, réaliser vos désirs, il faut vous concentrer.

Mais qui vous apprend que vous possédez des *pouvoirs intérieurs?* Qui vous a dit que vous *créez une énergie psychique?* Personne. L'enseignement officiel ignore ces forces. On vous laisse à vous-même oublier que vous êtes les détenteurs d'une *puissance unique*, votre énergie psychique. Certains hommes, sans en avoir une claire conscience, pressentent qu'ils ont en eux des pouvoirs immenses. Et ils savent les utiliser. Ils savent avoir confiance. Ils savent se *concentrer*. Ils savent *vouloir*. Ils savent ne pas *entraver* leur énergie. Ceux qui sont ainsi deviennent les Grands de ce monde. Certains ont le pouvoir politique, d'autres sont des artistes, d'autres des saints. Tous ont *rassemblé leur énergie selon un principe unique*.

Je ne dis pas qu'il faut suivre leur exemple. Ils se mutilent à trop vouloir. Mais vous devez, de leur exemple, tirer des leçons. Vous devez savoir aussi que toutes les religions ont depuis longtemps mesuré cette *force intérieure*. Elles ont dit la *puissance de la foi* qui peut *soulever les montagnes*.

Il faut avoir foi en vous, foi dans vos pouvoirs. Votre nom n'est pas écrit à la première page des journaux. Votre visage ne remplit pas l'écran de la télévision, quelle importance? *Vous êtes vous : unique*. Et donc vous n'êtes pas un *anonyme*. *Votre personne, votre action, votre vie valent toutes les vies et toutes les actions*.

En vous seul, je vous le dis une nouvelle fois, il y a *tous les hommes et tout l'univers*. Et toutes les forces *viennent à vous* si vous savez les capter. Il faut le vouloir. Il faut que vous ayez conscience de votre *rôle* dans cette vie, *être vous-même, exprimer votre énergie psychique, pour mieux être avec les autres*. Epanouissez-vous pour participer au monde. Que votre énergie psychique soit l'un des rameaux, le plus brillant possible, de la grande gerbe qu'est l'humanité tout entière.

Ne dites pas : en quoi cela me concerne-t-il?

Ne dites pas : ma vie seule m'intéresse.

Ne dites pas : comment moi, qui suis si peu, puis-je jouer un tel rôle?

Cela vous concerne car vous êtes, même si vous refusez de le savoir, une *partie unique du monde*, vous êtes une *cellule vivante de ce grand corps que forment tous les êtres humains*. De même qu'ils agissent sur vous, vous agissez sur eux par la façon dont vous conduisez votre vie. Et si vous croyez vous intéresser seulement à votre vie, vous êtes aveugle car *la vie* s'intéresse à vous. *La vie*, c'est-à-dire tous les êtres vivants.

Vous pouvez jouer un rôle. Songez à toutes les relations que vous entretenez avec les autres : dans votre famille, dans votre métier. Songez aux relations que ces personnes que vous connaissez tissent avec d'autres. C'est une chaîne complexe qui s'étend à partir de vous et vous êtes aussi pris dans une chaîne d'amitié, d'amour, de haine. Elle agit sur vous mais vous êtes aussi un cœur qui envoie des idées, des sentiments autour de soi, vers ceux que vous aimez, avec qui vous échangez des émotions. *Votre énergie psychique rayonne* à partir de vous vers l'ensemble des hommes par les relais de ceux que vous connaissez. Si vous agissez dans un certain sens, les autres vous renverront une *force qui sera*, le plus souvent, *de même nature que celle que vous leur avez adressée*. Diffusez la haine et vous recevrez la haine. Emettez de l'amour et vous recevrez de l'amour.

Voilà pourquoi ce livre, *notre livre*, je voudrais qu'il soit entre nous d'abord une *énergie bénéfique*, que vous écriviez dans ce livre ce que vous êtes, votre passé, ce que vous espérez. Et puis que *votre pensée*, que *notre dialogue*, que *notre énergie* s'échangent. Que ce livre circule. Que vous le fassiez connaître. Qu'il soit un lien d'énergie, un moyen de connaissance et d'amour.

Mais il faut *apprendre à vous concentrer.* Et vous pouvez le faire en *éduquant votre mémoire.* Car la mémoire, ne croyez pas qu'elle est seulement ce coin de votre esprit d'où vous tirez quand vous en avez besoin le nom d'un ami, une adresse, un numéro de téléphone ou le titre d'un livre. Elle est de l'énergie psychique qui a pris forme. Imaginez : quand vous remplissez un récipient, l'eau en épouse les contours et prend le volume, la forme de la bouteille ou du vase. L'énergie psychique devenue mémoire, c'est cela; elle a la forme d'un événement passé, d'un souvenir. Elle est un visage connu qui a quitté la vie.

Avec le temps cette énergie psychique de la mémoire diminue comme dans une pile électrique qui peu à peu perd de sa puissance. Les contours s'effacent d'abord. On ne se souvient plus de la date d'un événement. On cherche un prénom. On a oublié que l'énergie psychique s'est tout entière dispersée. Or, il faut prendre garde à la mémoire : elle est ce qui nous fait. Pensez à l'amnésique. J'ai connu comme cela un vieux qui ne savait plus ce qu'il était. Certains jours il voulait partir aux champs — il habitait une grande ville des U.S.A. — parce que dans sa jeunesse, en Europe, il était paysan. « Je dois m'occuper des bêtes », disait-il. C'étaient ainsi les événements de ses premières années qui avaient conservé leur énergie et les plus récents ne s'étaient pas gravés en lui. Il faut donc *préserver sa mémoire*, entretenir l'énergie psychique qui s'y trouve concentrée.

CE TROISIEME PRINCIPE : Préserver et développer sa mémoire, vous pouvez facilement le mettre en œuvre. Obligez-vous à lire une page en vous *concentrant*. Vous apprenez ainsi la *concentration*. Cela signifie que vous vous obligerez à faire tomber de votre esprit toutes les pensées qui, pendant que vous lisez, l'encombrent. Répétez les phrases et surtout apprenez-les de façon à donner à votre énergie psychique une *forme dure* dans laquelle elle sera contenue longtemps. Vous acquerrez ainsi l'habitude de retenir. *Car retenir est un effort.* Il vous faut *vouloir vous souvenir* mais vouloir se souvenir c'est vouloir *être soi.* Vous entraînerez ainsi votre mémoire comme un sportif entraîne les muscles de son corps.

Peut-être avez-vous l'habitude de noter sur un carnet ce que vous devez faire? Essayez, pour certains de ces points, un numéro de téléphone, une liste de produits à acheter, de les garder seulement en vous. Ce sera une façon de *faire fonctionner les rouages de votre mémoire et de votre esprit.*

Ne dites pas : pourquoi m'encombrer ainsi l'esprit de choses inutiles?

Ne dites pas : je ne réussirai jamais, je n'ai pas de mémoire.

Si vous voulez retenir ce qui est essentiel, il vous faut commencer par vous éprouver sur ce qui est secondaire. Ne savez-vous pas que les sportifs qui veulent battre un record font des centaines de parcours d'entraînement sans importance et qui pourtant, le jour venu, leur permettront de *vaincre?*

Essayez une phrase de ce livre que vous jugez importante. Tentez de la retenir et vous découvrirez que comme tout le monde *vous avez une mémoire.* Mais qu'il *vous faut vouloir la conserver, la développer.* Et vous ne pouvez le faire qu'en *faisant appel à votre volonté.* Car il vous faut *répéter, apprendre.* Et vous ne réussirez à *retenir qu'en vous concentrant.* Ce petit exercice — apprendre — il est donc au *centre des mécanismes de l'énergie psychique.*

Aujourd'hui je sais que dans les enseignements on néglige la lecture. On préfère les images. Les livres de classe tels que parfois des parents me les montrent, tels que je les vois dans les universités et les collèges où je fais des conférences, ressemblent à des bandes dessinées. Et les circuits de télévision, les machines à enseigner se répandent. Je suis un partisan du progrès mais *je crois à la force irremplaçable de la lecture. Je crois à la nécessité de l'apprentissage de la mémoire.* Parce que les hommes dans leur longue histoire ont commencé par regarder des images, par apprendre les choses à partir des images, mais le grand progrès a été la *découverte de l'écriture et de la lecture*, quand chaque *lecteur* a pu *seul créer sa pensée et créer sa mémoire personnelle*, savoir qu'il était unique.

Si vous avez des enfants, n'hésitez pas, faites-les lire. Essayez de leur faire découvrir les *pouvoirs immenses qui sont en eux* quand, à partir des mots écrits par un inconnu, ils réussissent à imaginer. Faites-les *retenir*, faites-les *réciter*. Obligez-les à entraîner leur intelligence. Il faut qu'ils sachent que la *concentration* est nécessaire, qu'ils le sachent en la pratiquant. Apprenez-leur à ne pas se disperser, à rassembler leur *énergie psychique*.

Faites avec vous-même cette expérience de développement de la mémoire, de la faculté de concentration.

En pratiquant ces exercices vous découvrirez vite que pour retenir il faut — c'est un QUATRIEME PRINCIPE — DECOMPOSER LES DIFFICULTES, les phrases. Et cette leçon que vous tirez de l'expérience, elle doit devenir la règle de votre intelligence, une *méthode de réflexion*. Quand un problème se présente à vous, un problème de la vie courante, essayez toujours d'introduire la *réflexion*, la *maîtrise de soi*, la *décomposition des difficultés*. Je me souviens de mon père. Souvent, quand nous rentrions chez nous, c'était avant la guerre, il me tendait les clefs de notre appartement : « Ouvre », disait-il. Notre serrure, je le savais, était difficile et après avoir enfoncé la clef je tournais trop rapidement. Je bloquais la clef. Je m'énervais. Je disais, je m'entends encore : « Je ne réussirai pas. Fais-le, papa. Fais-le. » Et sa seule réponse était : « Réfléchis. » Puis il continuait : « Calme-toi. Par quoi dois-tu commencer? Qu'est-ce qui est le plus urgent? » Il m'apprenait ainsi à *décomposer* en parties simples un problème qui me paraissait gigantesque et insoluble. Vous devez pratiquer cela dans la vie même, pour des questions quotidiennes et d'autres qui vous paraissent essentielles.

Avoir confiance
Se concentrer
Décomposer
AGIR
Se souvenir

Car vous devez vous souvenir de vos actions, non pas pour *répéter*, la répétition est usure. Elle nous menace toujours. Elle est la voie de la facilité. Nous n'avons plus, si nous répétons, à faire appel à notre énergie psychique. Et parfois nous choisissons cette voie. *La répétition est une route sans issue.*

Vous avez besoin pour vivre, c'est-à-dire pour être heureux, d'*inventer votre vie*, de l'imaginer nouvelle, de la créer. Evitez la répétition. Sachez que nous sommes poussés à nous répéter parce que nos comportements — nos succès et nos échecs — ont laissé en nous des sillons profonds que nous ignorons. Alors notre énergie psychique, comme l'eau qui ruisselle sur un terrain où sont creusées des rigoles, emprunte ces voies anciennes. Voilà pourquoi souvent vous commettez à nouveau les erreurs que vous avez déjà commises. Vous aimez un homme ou une femme qui ont les mêmes défauts que celle ou celui que vous avez quitté. Vous répétez parce que *inventer* demande un *effort de tout vous-même*. Pourtant vous n'avancerez dans la connaissance de vous-même et des autres, vous ne changerez votre vie de façon positive que si, et c'est le CINQUIEME PRINCIPE, L'INVENTION, L'IMAGINATION SE GLISSENT DANS VOTRE EXISTENCE.

Et cela aussi il faut le vouloir fort contre toutes les poussées de l'habitude. Inventer, imaginer, cela veut dire que votre mémoire vous rappelle ce que vous avez déjà fait. Cela veut dire que vous avez *réfléchi* sur vos actions passées, que vous êtes devenu *transparent* à vous-même. Et il vous faut aussi avoir *confiance en vous*, dans vos *pouvoirs*, pour *oser* entreprendre ce qui est *neuf*. Car toujours le passé rassure. Vous êtes conservateur. Vous avez peur de manquer, de perdre, peur d'entreprendre. C'est naturel. Ne vous accusez pas de votre prudence. L'histoire des hommes est faite de trop de malheurs et de trop d'inquiétudes pour que vous puissiez être facilement audacieux. *Mais il faut que vous soyez audacieux.* Il faut que vous ayez confiance dans les *pouvoirs qui sont en vous.* Il faut que vous commenciez à agir sur vous-même, en vous-même, pour agir sur les relations que vous avez avec les autres afin d'être *mieux avec eux* et qu'ils *soient mieux avec vous.*

Appliquez les principes que je vous fais partager. Devenez, au centre de cette chaîne qui est constituée de tous ceux que vous connaissez, un ANIMATEUR de la confiance et de l'espoir. Dites aux autres : Parlons de votre vie et parlez de la vôtre. Expliquez-leur comment *libérer les forces* de *la vie.*

Les autres : ceux de votre famille, vos amis, ceux que vous aimez.

Ne dites pas : je vais garder pour moi ces découvertes.

Ne dites pas : l'autre est un concurrent.

Ces découvertes, si vous les répandez, elles vous rendront plus fort. Elles vous donneront confiance. Si vous voyez l'autre comme un concurrent, il le sera. Si vous lui donnez, comment ne pourrait-il pas, à la longue, vous donner aussi. Comment ne pourrait-il pas comprendre que vous avez des pouvoirs en vous qui lui commandent d'être votre ami et non votre ennemi? Agissez dans ce sens.

Vous, vos pensées, vos rêves, votre vie,
VOTRE LIVRE

Ecrivez. Mettez de l'ordre dans votre pensée. Clarifiez. Ordonnez. N'écrivez plus seulement les mots qui spontanément vous viennent. Choisissez ceux qui sont les plus précis, qui expriment le mieux votre volonté, votre projet. FORGEZ VOUS-MEME DES MAXIMES que vous pourrez vous répéter. Vous guiderez ainsi votre ENERGIE PSYCHIQUE. Vous en ferez votre force avec laquelle vous obtiendrez ce que vous désirez. ECRIVEZ.

13

CRÉEZ, CRÉEZ ENCORE, TOUJOURS

Avez-vous regardé le visage de Picasso? L'un de mes amis, un grand photographe américain, David Douglas Duncan, avait réalisé un reportage sur le peintre et son œuvre, vivant avec lui plusieurs jours. En feuilletant son livre, *Good bye Picasso*, en l'écoutant me raconter comment il avait vu jour après jour Picasso travailler avec l'énergie d'un jeune homme, je comprenais ce qu'avait voulu me dire mon père, sans doute juste avant la guerre, alors que nous sortions de la boutique d'un artisan : « Il n'y a pas de fatigue pour celui qui crée. » Picasso — le jeune vieillard — me rappelait cette phrase. Et je voudrais que vous aussi vous soyez l'homme ou la femme qui crée.

Ne dites pas : je ne suis pas un artiste.

Ne dites pas : mon métier m'ennuie et je n'ai pas le temps en le quittant de créer.

Je connais vos difficultés. Je sais que notre société est écrasante. Que dans son travail l'homme d'aujourd'hui n'accomplit plus que des tâches sans joie. Celui-ci à longueur de vie actionne une machine à calculer. Cet autre à longueur de vie tape à la machine. Que dire de ceux qui sont dans les usines et dont les gestes sont réglés par les rythmes inhumains des machines?

Je ne chante pas le passé. Mais je me souviens quand j'exerçais mon métier d'antiquaire de la joie que j'avais à prendre en main l'un de ces beaux objets qu'un artisan, il y a des dizaines d'années parfois, avait réalisé, lui seul. Il avait créé, fait surgir du bois ou de la porcelaine, une *œuvre* dans laquelle il avait mis non seulement son métier, mais aussi l'*idée* qu'il se faisait de ce qui doit être le beau. Une œuvre *unique* comme l'est chaque personne. Comme vous l'êtes. Mais quels sont ceux qui aujourd'hui peuvent marquer de leur personnalité les produits de leur travail? Quelques artistes seulement. La société est devenue un rouleau compresseur qui contraint les uns et les autres à se ressembler. Et le travail transforme l'homme et la femme en appendice des machines.

Bien sûr, chacun de nous tente de préserver son *individualité*. Mais il n'est pas suffisant de tenter, par les vêtements par exemple, de se *distinguer* de l'autre. Ce qu'il faut ce n'est pas rechercher la *différence*, mais *créer*, créer encore, et toujours.

Alors comment est-ce possible?

Ce n'est pas facile. Mais il faut que vous préserviez en vous cette faculté d'invention et d'imagination qui devient la *création*.

Je parlerai des enfants et de l'amour. C'est là que chacun de vous peut déployer ce pouvoir unique de la création.

Il y a aussi les *relations* avec les autres et vivre de belles, de riches amitiés, c'est aussi une des *créations* les plus nobles de l'homme. Et des plus rares. De cela, je parlerai avec l'amour.

Mais il faut chercher aussi à créer, à modeler la matière, à rassembler les mots. Parce que vous saurez d'autant mieux *vivre l'amour et l'amitié* que vous aurez exprimé, dans une œuvre, dans une création, votre personnalité secrète. La plus vraie.

Ne dites pas : je ne suis pas un créateur.

Tout homme, toute femme sont créateurs. Qu'importe si les œuvres qu'ils créent ne sont pas reconnues comme des chefs-d'œuvre.

Qui sait d'ailleurs au juste ce qu'est un chef-d'œuvre? Suivant la mode, suivant les époques, on voit chanter ou rejeter telle ou telle création. Les critiques littéraires, par exemple, s'enthousiasment pour un roman puis il est oublié, à peine lu. Rares sont ceux qui ont parlé du *Livre de la vie*. Ce que j'avais écrit ne les intéressait pas : trop simple peut-être, ou bien trop sensible! Mais voilà, les libraires, les lecteurs ont compris le sens profond de mon livre, et des centaines de milliers de personnes l'ont lu. Je reçois des centaines de lettres chaque semaine. Je sais moi que *Le livre de la vie* est une *œuvre*, une œuvre véritable qui parle au cœur des lecteurs et qui les soutient dans leur existence quotidienne. Que m'importe de savoir ce que pensent les critiques ou bien de savoir si *Le livre de la vie* est ou n'est pas un chef-d'œuvre. Il existe. Tous ceux qui sont en contact avec la réalité l'ont défendu.

J'avais besoin de l'écrire et des femmes et des hommes sont heureux de le lire. Et ils en ont parlé.

VOILA POURQUOI IL FAUT CRÉER

Il ne faut pas d'abord se demander si on va *faire un chef-d'œuvre,* mais il faut ressentir le besoin de *faire* et de *donner,* de *transmettre* un plaisir, une affection, un regard. Quand mon drame m'a frappé, et que je me suis retrouvé seul, avant même de penser à écrire *Au nom de tous les miens,* j'ai *créé* la *fondation Dina Gray,* pour la protection de l'homme dans son cadre de vie. J'ai lutté pour la faire reconnaître, lutté pour que dans le monde on se préoccupe du sort des arbres, des problèmes de l'environnement. J'ai lutté pour que partout dans le monde les enfants apprennent à respecter les arbres, à les aimer et pour cela j'ai lancé la campagne « un enfant — un arbre ». Chaque jour cette création m'a demandé un effort. Et, parfois, j'ai douté d'elle et de moi. Puis j'ai vu dans le midi de la France, sur les pentes de ce massif où j'avais connu l'incendie et dans lequel les miens avaient péri, des enfants, des petits camarades de mes enfants, planter les arbres de la renaissance. Et ces arbres que j'avais contribué à faire surgir, c'est une *œuvre*, une *création*.

IL FAUT CRÉER

Je parle d'expérience. Si on limite sa vie à *consommer*, que devient-on sinon une sorte de *machine vivante?*

IL FAUT CRÉER

Chaque minute de votre vie vous offre une *possibilité de création.* Vous pouvez créer votre *façon d'être.* Ne plus vous laisser guider par des modes ou des images mais savoir que vous décidez *librement, consciemment* de tel ou tel de vos actes. *Créer* en vous le refus de fumer croyez-vous que cela n'est pas important?

Créer votre volonté, croyez-vous que ce n'est pas décisif? Et créer autour de vous par vos paroles, par vos soins, par vos actes une atmosphère de bonheur, de quiétude et de sécurité pour ceux que vous aimez, ne pensez-vous pas que cela compte infiniment? Je proteste contre ceux qui ne voient dans la création que l'œuvre d'art. Ils ne connaissent pas la vie, ils sont victimes des préjugés. J'ai rencontré un jour un vieil homme de plus de quatre-vingts ans, d'origine très modeste et qui n'avait jamais fréquenté les universités. A onze ans, il travaillait déjà sur des chantiers. Aujourd'hui, après toute une vie d'effort, il *crée* encore. Ce ne sont pas des livres qu'il écrit, simplement dans un petit calepin, il recopie des pensées, des chiffres qui lui paraissent importants. Il colle des articles de journaux qui lui permettent de comprendre le monde des hommes. Il me montrait une longue colonne de chiffres : là étaient consignées toutes les durées, telles que les savants les apprécient, des différentes époques géologiques, les moments de l'apparition des espèces animales. Je voyais son regard vif : « C'est impressionnant, n'est-ce pas? » disait-il. Croyez-vous que ce carnet ne soit pas une *vraie création?*

Une création que vous pouvez accomplir.

Rien n'est plus simple et plus essentiel que *créer*. C'est entrer en *relation* avec le monde et les autres.

Je regardais chez moi cette femme merveilleuse qui s'occupait avec Dina de mes enfants et qui, depuis que je suis seul, prépare, quand des amis viennent me rendre visite, le repas. Je la voyais découper les légumes, et dans ces gestes si simples mais pleins d'expérience, je découvrais que la cuisine est une création.

Organiser son intérieur, choisir ses meubles, les tableaux, les photos que l'on va accrocher : création aussi.

Je veux dire que les actes les plus quotidiens et les plus nécessaires, si on les accomplit avec amour, si on met toute sa personnalité, si on essaye d'échapper aux *imitations*, peuvent devenir des créations et donner la joie. Il faut que dans votre *vie*, vous réussissiez a *imprimer* votre *marque* à l'univers qui vous entoure, que vous donniez à vos actes — le choix d'un vêtement, d'un ameublement, la confection d'un plat — *votre marque.*

Il faut que votre vie soit une création continue.

Car c'est à cela en fin de compte que doivent aboutir vos efforts, c'est cela le sens de chaque jour, de chacun de vos actes.

Une création votre vie? Cela signifie qu'il vous faut la prendre en main. Faire qu'elle ne vous échappe pas, qu'elle ne se dissolve pas sans que vous le sachiez et qu'un jour vous vous retrouviez, surpris, de tant d'années passées sans *rien savoir sur vous-même, sur votre vie, sur son sens.*

C'est là le prix que payent ceux qui refusent de regarder leur vie, de la comprendre, d'agir sur elle.

Je me souviens de cette dame qui approchait de la soixantaine et qui après m'avoir écrit était venue me voir au siège de la Fondation Dina Gray. Elle se désespérait, mélancolique, elle regardait son passé : « Mes années, monsieur Gray, mes années, j'ai l'impression de ne pas avoir vécu, comment est-ce possible. J'ai le sentiment de n'avoir rien fait de ma vie et maintenant... »

Elle parlait, elle racontait tout ce temps, ces jours, les enfants grandis, partis, qu'elle avait élevés mais sans se rendre compte que c'était pour *eux* et non pour elle qu'elle devait les aider à vivre. Qu'ils n'étaient pas venus à la vie pour elle, mais qu'elle les avait mis au monde *pour eux.*

Elle avait créé, mais sans savoir quel était le sens de cette création. Je crois l'avoir aidée à comprendre. Car il n'est jamais trop tard pour donner à toute sa vie, même si une longue partie s'est déjà déroulée, une direction.

MAIS IL FAUT VOULOIR CRÉER C'EST-A-DIRE DONNER

Savez-vous ce qui est à l'origine de bien des dépressions nerveuses? Le repli sur soi, l'impossibilité dans laquelle se trouve le malade de *communiquer avec le monde*, avec les *autres*. Brusquement, il se ferme, il se *désintéresse*, il voudrait rester allongé, caché sous les couvertures, oublier le monde, retrouver par cette somnolence triste une sorte d'état d'enfance.

C'est pour cela qu'il faut se tenir sur ses gardes : conserver à tout prix son intérêt pour les *autres et le monde.*

Ne dites pas : que m'importent les famines de l'Afrique!

Ne dites pas : que m'importent les livres, les films, les autres, les amis, j'ai la télévision!

Ce qui vous paraît *votre intérêt* est en fait contre vous.

Vous avez besoin pour que votre vie continue de se *créer* de savoir ce qui se passe autour de vous.

Vous avez besoin de vous *intéresser* au monde. Vous devriez chaque jour parcourir un journal, connaître les principaux faits politiques et économiques. Car ils pèsent sur vous, dans votre vie de tous les instants. Ne dites pas : je ne peux agir sur eux. Vous pouvez et dès lors que vous les *connaissez* vous *créez* déjà les conditions d'un changement de ces faits.

Quand j'ai voulu créer la Fondation Dina Gray, de nombreux amis m'ont déconseillé cette entreprise. J'allais me heurter à l'indifférence, aux bureaucrates des ministères. J'allais gaspiller mon temps, ma vie, mon argent. Ils ne comprenaient pas que cette lutte que j'engageais, ma *création*, pouvait non seulement *transformer* pour beaucoup d'hommes leur cadre de vie, protéger la nature, mais aussi, *m'aider* à vivre, moi.

S'INTERESSER AU MONDE, S'OUVRIR AU MONDE, C'EST S'ENRICHIR DE LA VIE DES AUTRES. C'EST CREER L'INTERET, C'EST ETRE EN VIE

Je n'appartiens à aucun parti politique. Je ne parle que de ce que je vis et je ne dis que ce que je pense, mais souvent j'ai rencontré des hommes et des femmes qui ont un idéal politique et social, qui refusent la dure loi de nos sociétés, qui veulent que plus de justice existe dans la vie des hommes. Ils refusent un monde où certains meurent de faim et où d'autres gaspillent sans limites et où tout se vend. Qui peut accepter qu'il y ait dans les poubelles d'une famille américaine de quoi nourrir une famille indienne pour une semaine? Eh bien, ces hommes qui tentaient de *créer* une autre *vie*, qui chaque jour essayaient de *créer*, par des actes, une situation meilleure, je les ai trouvés souvent plus heureux que ceux qui s'enfermaient en eux-mêmes, égoïstes qui oubliaient que l'égoïsme le plus habile n'est pas de « conserver », de se fermer, mais bien de s'ouvrir, de donner, de *créer* avec les autres.

Essayez.

CREEZ VOTRE VIE

Dans vos choix, dans vos actes de chaque jour, dans l'attitude que vous adoptez envers les autres, *exprimez-vous, créez* votre style, employez *vos mots* et non ceux que tout le monde vous souffle.

Créez, c'est-à-dire ne faites pas les choses avec indifférence, chargez-les de votre enthousiasme et de votre votre amour. *Inventez*. Ayez confiance en vous.

CRÉEZ, CRÉEZ ENCORE, TOUJOURS

Vous, vos pensées, vos rêves, votre vie, VOTRE LIVRE

CRÉEZ ici votre livre. ÉCRIVEZ et en écrivant trouvez votre ton, prenez votre route. EXPRIMEZ-VOUS. Donnez vie à cette force de CREATION qui est en vous. CRÉEZ, écrivez.

14

IL VOUS FAUT L'AMOUR

Il vous faut l'amour.

Je sais ce dont je parle. J'ai été l'enfant aimé puis séparé des siens. J'ai été le solitaire qui cherche avec angoisse quelqu'un vers qui il pourra tendre les bras et qui l'accueillera. J'ai été l'homme comblé, entouré d'amour et donnant l'amour. Puis à nouveau est venue la solitude.

IL VOUS FAUT L'AMOUR

Il faut que ce sentiment qui vous *ouvre* à l'autre, au monde, vous réussissiez à le vivre parce que la vie alors apparaît comme portée par elle-même et elle vous entraîne et vous êtes l'enthousiasme. Et la vie a un sens. Si l'amour vous manque, que reste-t-il? Des jours qui s'ajoutent les uns aux autres. Des gestes que vous accomplissez sans désir. La vie n'est plus qu'une longue marche dans le désert.

Il vous faut l'amour.

Vous avez besoin d'*échanger* votre énergie psychique contre une autre énergie. Vous connaissez ce principe élémentaire de l'électricité qui fait que celle-ci ne circule, n'existe que si un pôle négatif rencontre un pôle positif. *Votre énergie psychique* a besoin, pour *exister*, de cette *communication* avec un autre pôle. Sans cette *rencontre*, elle se ferme sur elle-même, elle pourrit en vous. Elle vous détruit. Et je l'ai dit déjà, nombre de maladies, et peut-être bien d'autres dont nous ne voyons que les aspects physiques, ont cette origine. Faute de pouvoir *s'extérioriser elles se répandent dans votre corps et dans votre esprit.*

IL VOUS FAUT L'AMOUR

Je ne parle pas seulement de ce que le cinéma et les romans appellent l'amour. C'est bien sûr la forme pleine et belle de la rencontre. Celle qui, naturelle, permet de *prolonger la vie*. Celle qui unit le corps et le cœur.

Cet amour-là, comment le vivez-vous? L'avez-vous connu? Le désirez-vous vraiment?

Je connais sa caricature. Regardez les murs, les pages de publicité dans les journaux, voyez ces corps jetés en pâture à nos regards, corps sans âme, et les devantures des cinémas exposent ces corps dont on dit qu'ils sont l'image de l'amour. Qu'ils sont l'amour. J'ai même vu dans certaines villes annoncer des show-life. Des acteurs qui en scène miment le spectacle de l'amour.

Je ne veux même pas condamner. Pourquoi condamner ce qui n'existe pas? Car je n'appelle pas la rencontre de deux corps l'amour. Ce n'est qu'une manière, la plus vide, de rencontrer l'autre. Chacun des partenaires se réduit à n'être qu'un *instrument* de plaisir.

Je ne refuse pas le plaisir. Le plaisir physique fait partie de la Vie, il est nécessaire, vital de l'éprouver, de le rechercher, mais est-on sûr qu'en le recherchant à tout prix on le trouve?

Je reçois très souvent des lettres de jeunes : les mœurs se sont — et c'est heureux — libéralisées. Les rapports entre hommes et femmes sont devenus faciles et avant d'avoir décidé de vivre ensemble, les êtres veulent se connaître, éprouver leur corps.

Est-ce que ces lettres me donnent l'image du bonheur? Sont-elles le reflet de comportements qui conduisent à l'équilibre?

Je ne le crois pas.

Vous êtes — et l'autre est, ne l'oubliez pas — une

indestructible réunion du corps et de l'esprit. L'esprit : je n'ai pas d'autre mot pour qualifier ce qui est notre sensibilité et qui se compose aussi de nos souvenirs, de nos espoirs, de notre mémoire et de notre intelligence, de notre inconscient et de notre conscience. A vouloir séparer les deux parties de nous-mêmes, on se déchire, on se mutile. Et l'équilibre ne peut naître de cette chirurgie douloureuse.

Je ne suis pas pour que durent les préjugés anciens, les jeunes gens cloîtrés et empêchés d'exprimer les forces qui sont en eux. Mais veillez. Il faut que chacun d'entre nous *se respecte*, c'est-à-dire respecte en lui la *totalité de lui-même.*

Qui êtes-vous si vous vous abandonnez sans aucune hésitation à la moindre tentation? Qu'importe si les moyens scientifiques permettent aujourd'hui d'éviter telle ou telle conséquence, telle ou telle peur. Mais comment voulez-vous *construire une relation humaine*, c'est-à-dire voir naître peut-être l'amour — si vous *livrez* sans aucune responsabilité votre personne, et si vous la livrez à tant d'autres personnes? *L'amour est durée. L'amour est volonté.*

Ce qui compte ce n'est pas de vouloir faire des *expériences*. Que peut apporter la rencontre rapide et passagère? Une connaissance superficielle, un plaisir sans profondeur, une impression à la fois de satisfaction — on est allé vite, on croit être dégagé des préjugés, on imagine être libre et avoir compris quelqu'un d'autre — et en même temps le sentiment, bien plus durable, de *l'échec*. Car tout est illusoire dans ces plaisirs sans suite et sans véritable échange. Que peuvent les corps ainsi jetés l'un vers l'autre par le désir? Se satisfaire. Mais qu'est-ce qu'un désir ainsi satisfait? Qu'est-ce même que ce désir si vous ne le chargez de toute votre *vérité psychologique*, de toute votre *énergie psychique?* Il creusera bien plus encore en vous le *besoin* de rencontre, il vous poussera vers d'autres corps qui ne vous satisferont pas davantage car vous ne *donnez pas à votre énergie psychique le temps de s'échanger avec celle de l'autre*. Et la nouvelle rencontre, cette nouvelle satisfaction que vous vous accordez, croyant y trouver enfin la paix, le plaisir durable, voici qu'elle vous entraîne vers d'autres, à moins que, blessé, vous ne choisissiez le repli et le désespoir.

Vous devez donc choisir : un éclair de joie et le désespoir à long terme ou bien la lente, patiente et souvent difficile conquête de l'*Amour*.

Car ce n'est que dans la *durée* que vous pourrez vraiment *connaître l'autre*. Et d'abord dans la durée même de la *découverte*.

Attendre, en effet, parler d'abord, se regarder, voyager ensemble dans les souvenirs de l'autre, partager les choses de la vie, un repas, des spectacles, parler encore, s'écrire, c'est *charger, enrichir le corps de toutes les puissances de l'esprit*. Et cet enrichissement ne peut pas se faire en une heure, en un jour, au terme de quelques danses ou de quelques phrases échangées. Si l'on accepte cette durée de la découverte, si l'on refuse de céder à l'illusion qu'en prêtant son corps vite, on va connaître l'autre et vivre l'amour, alors quand viendra la rencontre des corps, ce ne sera plus l'éclair immédiatement éteint, mais bien la *communication,* mais bien la possibilité de *vivre l'amour*.

Car vous n'êtes pas qu'un corps. Vous êtes intelligence, esprit. Et vous ne pouvez vous déchirer en deux parties qui s'ignorent.

Même quand vient l'instant de l'amour physique, si vous n'êtes qu'un corps, votre plaisir vous fuira ou bien il ne sera qu'un bref et fragile moment. Or, vous devez connaître l'amour physique. Vous devez sur ce plan-là aussi *vous épanouir,* laisser votre énergie psychique envahir tout votre corps car le corps aimé vous donne sa présence.

Là, au moment du plaisir est le *véritable échange des énergies psychiques,* le *renouvellement de soi par l'autre,* la *connaissance de l'autre et de soi par le plaisir*.

Vous voyez que je ne rejette pas le plaisir.

Au contraire, je considère que rien n'est plus attristant que ces hommes — et surtout ces femmes — qui ne parviennent pas à l'épanouissement physique, qui ignorent parfois toute leur vie durant ce moment où l'on perd, une infime fraction de temps, conscience, et où l'on est porté corps et âme par une vague qui vient des profondeurs de soi et donne à l'autre le bonheur en même temps qu'elle vous le donne aussi.

Comment accéder à ce plaisir? Comment connaître cet épanouissement de soi? Comment donner à l'autre cette joie?

D'abord, il faut l'amour et le désir. Il faut que l'autre soit pour vous autre chose qu'un corps étranger qui est nécessaire au vôtre pour la satisfaction d'un besoin ou l'accomplissement d'une habitude.

Il faut qu'entre vous, il n'y ait pas la seule complicité de deux êtres qui *savent* comment agir et qui *veulent du plaisir*.

Il faut que les deux êtres veuillent donner à l'autre l'amour.

Car — et c'est la justice de la nature — les corps ne se trompent pas si les mots que se disent les personnes peuvent être masqués. Les corps distinguent vite la vérité de l'amour ou, au contraire, s'il ne s'agit que d'un jeu, d'un instinct.

Et alors s'insinue entre les deux amants *la peur*. Il suffit que l'un la sente en lui — peur inconsciente le plus souvent — pour que le plaisir fuie. L'un des deux partenaires atteindra peut-être sa propre satisfaction, mais l'autre? Et qu'est-ce qu'un plaisir solitaire alors que l'amour est *partage* et que la joie de la rencontre des corps ne s'obtient que dans ce *partage* — dans cette rencontre au sommet du plaisir?

La peur : elle peut être la peur d'être utilisé par l'autre comme un *instrument*. Trop d'hommes, en effet, et je ne peux les accuser car ils ne sont que les acteurs d'une longue histoire de l'homme — cherchent d'abord leur plaisir à eux. Qu'importe la femme! Beaucoup au fond d'eux-mêmes pensent même qu'elle doit accepter le plaisir de l'homme, passive, et qu'en tout cas c'est l'homme qui doit mener le jeu.

Alors la femme a le sentiment qu'elle n'est rien qu'une chose, qu'elle n'a plus de personnalité, que sa propre vie n'importe pas. Qu'elle doit subir ou donner, mais qu'elle n'est pas faite pour recevoir.

Ce déséquilibre qui s'établit est des plus néfastes. Non seulement pour la femme, mais pour l'homme, mais pour eux deux. La femme souffre dans son corps de son insatisfaction et cela ne peut que *rejaillir* dans la vie quotidienne. L'énergie psychique qu'elle ne donne pas, qui ne s'échange pas, qui ne s'épanouit pas, devient une agressivité, une violence, un ressentiment qui peu à peu transforment la vie à deux en combat de chaque instant. J'en ai tant vu, tant écouté de ces couples entre lesquels la *communication n'existe plus*. Ils vivent côte à côte, l'homme et la femme, ils dorment côte à côte, mais entre eux il n'y a plus qu'un fossé.

Cela vous ne devez pas l'accepter.

Mais cela existera si vous laissez votre spontanéité seule ordonner votre vie. Vous devez *vouloir l'équilibre dans l'amour*.

C'est-à-dire vous soucier de l'autre. L'aider à avoir confiance en lui et en vous. Il faut qu'il sente que vous ne recherchez pas seulement *votre plaisir*, mais que vous *désirez partager avec lui l'épanouissement physique*. Et pour cela, il faut, une fois encore, la *durée*.

Les brèves rencontres ne donnent naissance à aucun véritable équilibre et à aucun plaisir profond. C'est la connaissance répétée de l'autre après sa découverte, c'est le partage de vos nuits, l'habitude de vos réactions quand vous êtes nuit après nuit l'un contre l'autre qui permet *le plaisir et l'équilibre*. Qui donne aussi la *sécurité*.

Car le plaisir ne s'obtient que dans la participation enthousiaste, entière de l'esprit. Si la peur, l'insécurité, l'angoisse du lendemain, les préjugés, les dissimulations encombrent les pensées, il n'y aura pas de *plaisir joyeux et partagé*. Il y aura peut-être simplement une satisfaction violente, angoissée, morbide, ou inventée, qui ne sera pas *la détente des corps*, la *joie de l'esprit*. La *réussite en amour* dépend donc de la *sincérité*, de la *durée*, de la *volonté*, de la *clarté* et du *respect de l'autre*, du *souci de l'autre*. Il faut que l'autre devienne l'objet de vos questions. Que vous compreniez pourquoi il se refuse ou se dérobe, pourquoi il se crispe ou se bloque dans l'impuissance.

A vous de le rassurer. Votre tendresse peut le pacifier, l'aider à surmonter les peurs enfouies en lui par une éducation, un milieu, des expériences précédentes négatives.

Réfléchissez à celui ou à celle
que vous aimez
Pensez-vous suffisamment à ses
besoins
Imaginez-vous vraiment ce que
l'autre ressent
ce qu'il désire
Êtes-vous toujours vraiment désireux de
partager?
Êtes-vous toujours
SINCÈRE?

Sincère : c'est peut-être en amour le mot le plus important. La sincérité ne signifie pas qu'il *faut tout dire n'importe quand, n'importe comment*. Tout dire de ce qui vous vient à l'esprit. Car ce qui vient spontanément à l'esprit n'est peut-être pas ce qu'il y a de plus important en vous, de plus durable. *Et les mots peuvent blesser l'autre et tuer l'amour*. Il faut donc veiller à ceux que vous prononcez. Etre sûr qu'ils correspondent vraiment à votre pensée, qu'ils ne sont pas simplement des bruits superficiels que vous avez envie de voir éclore, pour jouer avec vous-même, pour irriter l'autre, pour savoir comment il va réagir.

Dans vos relations avec l'autre il faut toujours prendre garde à ne pas blesser. Ne soyez pas, même involontairement, l'agresseur.

Si votre humeur, et tant de causes peuvent être à l'origine de cette humeur, tant de causes extérieures à vous — le bruit, le travail, la fatigue — si votre humeur vous pousse à l'affrontement avec l'autre, si vous sentez que votre énergie psychique vous échappe et devient une arme contre l'autre, *isolez-vous.*

Apprendre à être
MAÎTRE DE SOI
Vouloir se
MAÎTRISER
Savoir que les mots que l'on prononce
peuvent BLESSER
Ne jamais oublier que
L'AMOUR, L'AMITIÉ SONT FRAGILES

Isolez-vous. Détendez-vous si la colère vous jette furieusement contre l'autre, si vous ne sentez plus entre vous et lui que la hargne. *Isolez-vous,* pour vous maîtriser. *Détendez-vous.* Respirez, comme je vous l'ai appris. Faites quelques exercices physiques de façon à *dénouer ces muscles* que la colère contracte, pour que votre énergie psychique se transforme en énergie musculaire. *Canalisez votre violence,* prenez du *recul* par rapport à vous-même. Divisez — comme je vous l'ai appris — la difficulté, de façon à voir des parties séparées, réduites et donc maîtrisables.

LA SINCÉRITÉ
ce n'est pas se laisser aller à la
VIOLENCE ou à la
COLÈRE
La sincérité
c'est CALMEMENT
regarder ce qui entre deux êtres
ne va pas,
C'est PARLER AVEC L'AUTRE
DIRE, dans la paix, le problème
Pour le
RÉSOUDRE

Il faut toujours faire *confiance* au cœur et à l'intelligence de l'autre. Et donc *tenter de lui expliquer.* De lui parler. *Dire* ce qui ne va pas.

N'oubliez pas que le *langage* est ce qui fait la force

et le privilège de l'homme. Ne jetez pas n'importe quels mots, mais expliquez. Et cela vaut pour *tous les problèmes du rapport avec l'autre.*

Ne croyez pas qu'il y a des sujets interdits. Que l'amour physique doit être tu. Qu'il doit être recouvert par le silence et par la nuit. *Vous devez oser* évoquer ces questions avec celui ou celle que vous aimez. N'oubliez pas que mieux vaut la difficulté d'une explication au lent pourrissement que provoquent des rapports imparfaits.

Vous devez parler avec l'autre, calmement, de vos *insatisfactions* si elles existent. Ce n'est pas vrai que parler des problèmes que vous pose l'amour dans son expression physique détruit la poésie.

Ce qu'il faut retrouver, c'est la liberté de vos gestes, le naturel de vos comportements, il faut cesser d'avoir peur, il faut que vous et l'autre que vous aimez, établissiez entre vous *l'harmonie,* la *sincérité,* la *vérité* dans vos échanges. Que chacun de vous trouve dans l'amour son *équilibre par l'équilibre de l'autre.*

Et il faut vous soucier de l'équilibre et des désirs de l'autre pour que vous-même vous atteigniez le plaisir et l'équilibre véritables. Mais vous devez *aider l'autre.* C'est cela l'amour. Vous devez, si vous êtes moins emprisonné par votre passé, par des timidités, *avancer vers l'autre.* Montrez-vous à visage découvert, dites vos craintes passées et montrez que vous savez *rassurer l'autre.* Dans les rapports entre les êtres, dans l'amour comme dans l'amitié, et d'abord peut-être dans les relations physiques, ce qui compte c'est la *confiance* qui naît entre deux êtres.

Il faut savoir se montrer dans la vérité de ses désirs.

Il faut s'avouer à soi-même ce que l'on désire.

Il faut l'avouer à l'autre. Il faut chasser ces habitudes de *honte et de peur* qui sont ancrées en nous depuis notre enfance souvent et cela sans raison. Il faut avoir le courage d'être soi. Mais pour autant il ne faut *pas céder aux modes du présent* qui transforment l'amour physique en une gymnastique sans âme!

L'amour ce n'est pas une série de techniques apprises, répétées!

**Chaque couple doit INVENTER
ET CRÉER SA PROPRE HISTOIRE
Chaque couple doit DÉCOUVRIR
ET CRÉER SON CHANT UNIQUE**

A cette seule condition, un couple s'équilibre, et chaque partenaire trouve dans le rapport à l'autre la paix, l'harmonie.

Mais pour cela, il faut *se donner, donner.* Donner sa confiance. Donner avec sincérité et sans recul. Oser dire à l'autre.

Alors le désir trouve son chemin, alors les gestes naissent naturels et beaux. Alors la tendresse surgit du plaisir et le fait naître. *Mais cela suppose la confiance.* La compréhension.

Et je trouve qu'il est beau que l'homme n'atteigne le vrai et le merveilleux plaisir de l'amour que s'il aime, que si son esprit et son corps ne font qu'un. Que si s'établit entre lui et l'autre une relation sincère, désintéressée, profonde et longue.

Pourquoi ne feriez-vous pas lire ces pages à celui ou à celle que vous aimez ou à ceux qui un jour aimeront? Ce sera une manière de leur faire comprendre qu'ils doivent comme vous *s'ouvrir à la sincérité et à la simplicité.*

Car l'amour est simple, immédiat. Ce qui le rend difficile, parfois déchiré, ce sont nos habitudes, la pression qu'exercent sur nous les autres, les modes. Il faut donc que vous *réappreniez la simplicité* des rapports entre les êtres. Il faut que vous ne laissiez pas se glisser, entre vous et l'être aimé, l'épaisseur d'une arrière-pensée, d'un doute, et bien sûr l'équivoque d'un mensonge.

Je sais, la mode est à la liberté des mœurs. Tant de livres que je lis, tant de films que je vois disent que l'on peut changer de partenaire en amour, vivre en même temps plusieurs passions. Je ne sais pas ce qu'il en est pour vous. Je ne veux pas devenir le juge de nos mœurs d'aujourd'hui. Mais j'ai l'expérience des rapports humains. Car j'ai vécu dans les situations les plus difficiles, les groupes humains les plus différents. J'ai aimé. Et je sais *qu'on ne peut pas construire sur le mensonge.*

Ce qui est grave quand on « trompe » son partenaire, ce n'est pas l'acte physique en lui-même, mais la dissimulation que souvent l'on pratique. Et vous le savez, le corps n'est pas séparé de l'esprit. Ils forment *la personne*. Et si vous dissimulez à celle ou à celui avec qui vous vivez tel ou tel acte de votre vie, si vous ne jouez pas « franc-jeu », alors, peu à peu, sans même que vous vous en rendiez compte, vos relations deviendront *opaques*, comme ces vitres qui empêchent de voir. Vous et l'autre deviendrez *étrangers* l'un à l'autre.

Peut-être un jour, peut-être déjà, certains réussiront — ou réussissent — à vivre *dans la vérité*, dans la *simplicité*, plusieurs relations d'amour. Mais il faut qu'ils prennent garde : celui ou celle qui les aime peut très bien ne se prêter au jeu de cette vérité que du bout des lèvres, simplement par « sacrifice » à la mode ou aux désirs de l'autre. Et viendra l'échéance quand éclatera le ressentiment, la colère et parfois la vengeance. Et aussi le remords.

Je crois qu'il est *simple d'aimer. Il faut donner à l'autre ce qu'il attend*. C'est le seul *moyen de recevoir ce qu'on espère.*

Et puis il faut *vouloir que l'amour dure*. Chaque jour si vous laissez le temps agir, les circonstances vous enfermer, les ennuis vous recouvrir, votre amour risque d'être entamé. Une encoche chaque jour et l'autre devient un étranger. Vous aurez le sentiment d'être emprisonné dans une relation qui est seulement celle de l'habitude.

IL FAUT INVENTER L'AMOUR
CHAQUE JOUR
IL FAUT QUE VOUS DONNIEZ
DU TEMPS A L'AMOUR

Réfléchissez : vous consacrez des heures et des heures à votre travail ou à vos distractions — lecture ou télévision.

Réfléchissez
AVEZ-VOUS CONSACRÉ DU TEMPS
A L'AUTRE
A L'AMOUR
C'est-à-dire à ce dont vous avez le plus
BESOIN

Curieusement, aveuglément, dans notre société si soucieuse d'efficacité, de recherche du bonheur, voici que les hommes oublient que le *temps est nécessaire à l'amour*, comme il est nécessaire au *bonheur*.

Vous allez vous arrêter de lire
Vous allez méditer sur vos
RAPPORTS AVEC L'AUTRE
Êtes-vous assez attentif à lui —
et donc à vous?
Avez-vous mesuré que
LE PLUS IMPORTANT DE VOTRE VIE
ce ne sont ni les biens entassés
ni votre réussite
ni l'argent gagné
ni l'orgueil d'avoir atteint ce que l'on
désirait
C'EST L'AMOUR
QUI EST OXYGÈNE
Qui est LA SÈVE
VITALE
Sans lui,
sans relation vivante et vraie
avec l'autre
VOUS ÊTES DANS LE DÉSERT
Et qu'importe alors qu'il soit encombré
de choses?
Fermez ce livre
Réfléchissez

DONNEZ A L'AUTRE ce dont VOUS AVEZ BESOIN L'AMOUR PRENEZ LE TEMPS D'AIMER

Je dis l'amour, je pourrais dire l'amitié. Le rapport à l'autre est moins fort, mais l'*amitié* est aussi nécessaire que l'amour. Elle en est une forme, pas inférieure, différente seulement. J'ai souvent vu des hommes ou des femmes sans amis, perdus dans la foule et les jours comme des orphelins. D'autres au contraire affrontés aux difficultés n'ont résisté que soutenus par l'amitié.

Je me souviens, pendant la guerre, de mes amis dont j'ai parlé dans *Au nom de tous les miens*. Ils étaient ma grande famille, nous combattions côte à côte, et pour quelques-uns d'entre eux le destin a voulu qu'ils survivent jusqu'à aujourd'hui. Je les revois. Ils sont le lien entre le présent et le passé. La chaîne indestructible qui nous unit est celle de l'amitié.

Mais ce qui vaut pour l'amour vaut pour l'amitié.

Quel temps donnez-vous à ceux qui vous sont chers?

Savez-vous les *écouter?* Les regarder, c'est-à-dire découvrir *vraiment* ce qu'ils sont, ce qu'ils éprouvent, ce que sont leurs difficultés?

Leur donnez-vous ce dont vous avez un si profond besoin?

C'est-à-dire l'affection, c'est-à-dire la main quand vient l'épreuve et le silence parfois, et la voix au contraire quand il faut encourager. Et la joie quand ils sont dans la joie. Et la force quand ils sont dans la peine?

Il faut que vous vous arrêtiez une nouvelle fois de lire Que vous pensiez à vos AMIS Les acceptez-vous vraiment pour ce qu'ils SONT? Savez-vous vraiment les ÉCOUTER?

Vous êtes-vous dépouillé de toute arrière-pensée?
ÊTES-VOUS VRAIMENT VOUS-MÊME AVEC EUX?
Arrêtez-vous de lire
Réfléchissez

Dites-vous bien qu'on connaît un homme ou une femme en rencontrant ceux qui l'entourent, ceux qui sont ses amis. Ils sont comme les miroirs où se reflètent les différents aspects d'une personnalité.

Si l'amitié existe, si elle est belle, chaude, ancienne, vraie : c'est l'image positive d'un homme ou d'une femme positif.

Si l'amitié n'existe pas, si elle est creuse et fausse, alors...

Mais en Amour comme en Amitié, il n'y a qu'une source : SOI. Si l'on n'est pas soi-même en accord avec soi, comment entrer en harmonie avec les autres? Comment, si l'on ne s'est pas *ouvert à soi-même, s'ouvrir aux autres?*

Comment, si l'on ne s'est pas *compris soi-même, comprendre les autres?*

Cet homme dont je vous ai parlé et qui s'en allait répétant à voix basse : « Je les hais tous », et il maudissait ainsi tous les autres indistinctement, qui était-il, sinon un pauvre homme qui se détestait lui-même et haïssait sa condition?

Car l'*énergie psychique* que l'on dirige vers les autres, si elle est *positive,* vous revient *positive.* Comme la lumière brillante dans le miroir. Mais si votre *énergie psychique* est *négative, chargée de haine,* de *jalousie,* d'*envie,* de *rivalité,* comment ne se retournerait-elle pas *contre vous,* ne *vous atteindrait*-elle pas, énergie que vous avez lancée et qui vous revient, vous frappe puisque vous vouliez frapper?

Songez à cela.

Il faut vouloir *émettre vers les autres une* énergie psychique positive. Et c'est celle de la véritable amitié et de l'amour.

Soyez pacifique et vous rencontrerez des pacifiques.

Je sais. Certains dont l'expérience est cruelle vont lancer vers moi des exemples de pacifiques qui se sont fait égorger par des loups. J'ai connu cela. Pendant la guerre, dans la ville-piège où nous étions parqués comme des bêtes préparées pour l'abattoir, des hommes refusaient de combattre. Saints parmi les bourreaux. Et ils moururent. J'étais de ceux qui choisirent de lutter. Je ne le regrette pas et je m'en suis expliqué dans mes livres précédents. J'ai appris aussi qu'il est un moment où il faut cesser de parler parce que seuls comptent les actes. Et il est parfois nécessaire comme le fait le chirurgien d'amputer l'homme, notre frère, d'une partie pourrie et contagieuse de lui-même. Mais je parle ici des relations individuelles, de celles qu'on a autour de soi, avec ceux qui vous sont proches. Et je répète : que votre *énergie psychique soit positive et vous recevrez une énergie positive.*

J'ai dit déjà, partager c'est multiplier.

Je dis, DONNER C'EST RECEVOIR.

Partager, donner, c'est *créer avec l'autre*, pour *l'autre, par l'autre*, qui doit créer par vous, pour vous.

C'est pour cela que l'amour comme un arbre fécond doit porter des fruits. Création du couple qui vient le renforcer, lui donner un sens. Vous savez déjà que je parle des enfants. *Ils sont la vie.*

Je sais : on dit qu'il y a trop d'hommes sur la terre, qu'il faudrait récompenser ceux qui décident de ne pas avoir de descendance. On dit des chiffres : 7 ou 8 milliards d'hommes en l'an 2000 et 30 milliards peu après. Je sais tout cela. Je ne suis pas un expert. Je dis simplement qu'il n'est rien de plus beau pour un homme et une femme que de donner la vie. Je dis qu'une femme est d'abord faite pour donner la vie. J'ai vu ma femme Dina se transformer quand elle portait nos enfants. Je l'ai vue devenir plus belle, plus jeune, j'ai vu dans son corps s'inscrire la vie et s'exprimer le bonheur.

Je sais qu'il y a d'autres façons de trouver l'équilibre. Chacun doit choisir sa route, librement, sans céder à l'exemple d'autrui. Car l'autre n'est pas un modèle à imiter, simplement un exemple de vie sur lequel on peut méditer, réfléchir. Mais il faut que chaque homme, chaque femme sache lorsqu'il décide de son choix que donner la vie — la porter en soi quand on est une femme — est l'acte le plus important, le plus essentiel qu'il soit donné à un être humain de faire. S'en priver, refuser cette joie, et cette responsabilité, je le conçois. Chacun, je le répète, doit choisir sa route. Mais il faut ouvrir les yeux sur ce que signifie le renoncement.

Savoir que peu à peu, les siens, cette famille qui a été votre nid va disparaître. Que les parents qui vous ont porté jusqu'à l'âge d'homme, voilà qu'ils s'en vont, et qu'on est seul avec ses souvenirs, qu'on ne peut plus partager. Et si l'on n'a pas créé une autre famille, si l'on est resté un solitaire — et je le suis aujourd'hui — sans enfant à conduire jusqu'à l'âge adulte, alors dur à parcourir sera le chemin.

Car le vieil homme a besoin de l'enfant.

Non pas pour l'entraide comme cela était par le passé. Mais parce qu'il faut quand vient le soir de la vie qu'on sente dans sa chair que la vie s'élève dans un autre être comme le soleil du matin.

Je sais : il y a des moyens nombreux d'être ainsi solidaire de la vie, même quand la sienne passe et s'épuise. On peut avoir une œuvre à faire. Je me souviens de ce libraire merveilleux, d'une petite ville du centre de la France. Veuf, sans enfants. Je suis entré chez lui un soir, en fin d'après-midi. Sa librairie était pleine de jeunes gens qui parlaient entre eux. C'était une petite librairie, mais la vie y était présente par la curiosité de tous ces jeunes, de ces clients dont on devinait qu'ils étaient des amis. Dans une cave, il avait installé des livres d'art que l'on pouvait feuilleter. Un peintre y exposait ses tableaux. J'ai dîné avec ce libraire. Je me souviens de ses mots : « Je n'ai pas d'enfants, chacun des livres que j'aime, j'essaie de le faire partager. J'essaie de faire rayonner les livres. Ma librairie, je voudrais qu'elle soit comme un miroir, à partir duquel les rayons du soleil se dispersent. » Je comprenais la beauté de ce métier compris ainsi, comme une mission de culture. Et je découvrais un homme qui, bien que seul, avait su trouver un équilibre et rester en contact avec la vie nouvelle. Nombreux sont ceux qui réussissent ainsi à demeurer, bien que sans enfants, ouverts au monde. Et d'autres qui ont des enfants s'enferment au contraire, émettent vers leurs fils ou filles des *énergies psychiques négatives*. Car, je l'ai longuement écrit dans *Le livre de la vie*, « l'enfance est une eau qui jaillit. Elle irrigue l'homme à venir. Elle peut le noyer. Avec cette eau des origines, l'homme va cheminer toute sa vie. S'y désaltérer ou s'y empoisonner. Il faut prendre garde à l'enfance ».

Mais trop de parents regardent leurs enfants avec les yeux de leurs problèmes, de leurs obsessions.

Vous-même — et vous devez le savoir maintenant puisque je vous ai demandé d'interroger votre passé — vous avez peut-être été lourdement chargé d'énergie psychique négative par votre entourage. Vous avez mis des années à le comprendre et vous n'en êtes pas encore totalement débarrassé. On vous a aimé dans votre enfance. Mais peut-être vous a-t-on mal aimé, Vous enfermant dans un amour qui vous coupait du monde. Vous donnant des autres une idée fausse, vous présentant les autres comme des rivaux. Peut-être vous a-t-on conduit, parce que l'on vous a donné une énergie psychique négative, à devenir vous aussi un émetteur d'énergie psychique négative.

Et vous aussi, vous avez peut-être tendance à diriger vers vos enfants des *flux d'énergie psychique négative*.

Interrogez-vous
Êtes-vous sûr de ne pas charger négativement
Ceux que vous aimez?
Êtes-vous sûr que le climat dont vous entourez vos enfants
est POSITIF?

Ne leur transmettez pas
VOS INQUIÉTUDES
Ne leur transmettez pas
VOS REGRETS
SOYEZ POUR EUX LA PAIX
SOYEZ POUR CEUX QUE VOUS AIMEZ
LA PLÉNITUDE

Ce n'est pas simple. Et il vous faut d'abord *trouver avec vous-même l'harmonie*. Il vous faut *orienter* votre énergie psychique pour qu'elle vous soit *bénéfique* et alors elle sera bénéfique pour autrui.

Il vous faut *créer avec ceux qui vous entourent* — vos enfants ou l'homme ou la femme que vous avez choisi — *un cercle d'énergie positive*. Que chacun de vous renvoie à l'autre une force heureuse. N'attendez pas que l'autre commence. *Vous êtes une origine*. Commencez à être positif.

Eliminez de votre bouche les mots négatifs, qui vous arrachent une partie de vous-même.

Vous, vos pensées, vos rêves, votre vie,
VOTRE LIVRE

Maintenant nous approchons de la fin de la forme écrite de notre conversation. Je vous ai parlé. Je vous ai dit ce que je pensais et ce que j'espérais. Et vous avez écrit, ici, chaque fois que j'avais fini d'évoquer l'un de ces thèmes, ce que vous décidiez, ce que vous rêviez, ce que vous ressentiez. J'aimerais qu'ici encore, vous écriviez. Ce que vous voulez faire pour que l'amour vous entoure et entoure ceux qui vous sont chers. Faites que chaque mot ne soit pas seulement une suite de lettres mais qu'il vienne du plus intime, du plus profond de vous. Et l'écrire alors sera EFFORT LIBERATEUR. ENERGIE QUI VIENDRA PUISSANTE VOUS SOUTENIR et ira, positive, porter à l'autre votre message.

Ecrivez...

Bien malin celui
qui dira un jour que
l'homme a compris
ce qu'était l'amour
le vrai / le respect
le partage / la tendresse
la complicité /
Pour l'homme l'amour

est juste une histoire
de c--- quand ça ne va
plus il change de femme
n'est ce pas messieurs-!
c'est tellement facile
si il existe ou est-il?

15

VERS LA PLÉNITUDE

Qui vous apprend à vivre?
Qui vous apprend à aimer?
Qui vous apprend à vous connaître? Qui vous apprend les secrets de votre avenir? Nos écoles, nos universités vous remplissent la tête et celles de vos enfants de données importantes : on apprend la physique, la chimie, parfois encore le latin et, bien sûr, les mathématiques. Pourquoi n'apprend-on jamais comment il faut se comporter avec soi-même, avec les autres pour connaître l'harmonie? Pourquoi laisser ce qu'il y a de plus important dans l'ombre?

Nous sommes comme des automobilistes qui sauraient tout de leur voiture; ils seraient capables de dire le nombre de vis et de boulons, de démonter le moteur, ils sauraient la composition de la peinture avec laquelle on peint la carrosserie de leur voiture, mais ils ignoreraient tout de la conduite : le volant? le frein? l'accélérateur? le code de la route? Mots barbares et inconnus pour eux. Et naturellement, ils ne sauraient pas qu'il y a des routes et ne s'aviseraient même pas de savoir où elles mènent!

Nous sommes ainsi avec nos connaissances précises et utiles sur de nombreux points et notre ignorance obstinée sur les questions vitales. Alors nous allons en aveugles et il suffit de regarder autour de soi, tant de vies qui se brisent, tant d'erreurs, tant de malheurs. Il suffit de penser à l'histoire des hommes :

à tous ces animaux à visage d'homme, à ces bourreaux insolents, à ces guerres jamais achevées.

Je pense à ces pays des bords de la Méditerranée, à ces frères que la Bible déjà reconnaît, Ismaël, Israël, à ces hommes si proches et qui se déchirent, à cette région du monde où toutes les grandes religions ont surgi et dont le sable aujourd'hui est encore rouge de sang et où demain peut-être recommenceront les tueries.

Je pense à notre terre sur laquelle tant d'injustices se commettent : là la faim chaque jour tue, ici chaque jour on jette ce qui nourrirait ailleurs. Là des rivalités opposent des peuples dans des querelles qui semblent venir de la préhistoire. Et là, sous nos yeux, dans la rue, un homme en humilie un autre. Nous ne savons pas encore vivre.

J'ai vu tant de choses durant la guerre qu'il m'est arrivé de désespérer. J'ai été si durement frappé, alors que j'avais construit une forteresse où le bonheur paraissait enfin protégé, que j'ai pensé que rien, ici-bas, n'avait de sens. Et puis je me suis souvenu. J'ai entendu la voix de mon père qui tant de fois, dans les brèves rencontres clandestines au milieu de la ville encerclée, me disait que l'espoir de voir les hommes maîtres de leur vie n'était pas vain. Je me suis souvenu de mon oncle qui, dans les combats pour l'avenir, avait donné sa vie. Et peu à peu, à chaque image de désespoir, j'apprenais à opposer le long cortège de ceux qui s'étaient avancés à visage découvert pour affirmer, au milieu de l'enfer, la fraternité. Et je me suis souvenu de ce morceau de pain qu'on m'avait tendu quand j'allais mourir, de cette aide qu'on m'avait donnée, à moi l'inconnu, pour que je survive.

C'est pour cela que je parle et écris.

Et vous l'avez compris puisque vous m'avez suivi jusqu'à cette page, que déjà vous m'aviez apporté votre soutien — votre lecture, votre voix pour *Au nom de tous les miens* et *Le livre de la vie*.

Est-ce moi seul d'ailleurs qui vous parlais? Si je n'avais que mon unique voix à faire entendre, elle serait faible et sans écho. Si ma voix porte, c'est que je parle en votre nom, vous qui me lisez et me répondez. C'est que mes livres sont vos livres, que j'écris non pour suivre les modes littéraires, mais pour laisser aller mon cœur vers les autres et vous apporter ce que, malgré moi, souvent, j'ai appris. Vous m'avez suivi jusqu'à cette page parce que vous avez senti que ce livre pouvait vous aider *à être davantage vous-même,* à mieux connaître et comprendre les mécanismes de votre esprit, à mieux vous appuyer sur lui pour réaliser ce que vous désirez.

Et ce livre est devenu VOTRE LIVRE
Avant d'aller plus loin
Feuilletez ce livre
Que vous venez de lire
Réécoutez ce que je vous dis
Relisez aussi ce que vous avez
Ecrit
Ce que, à la fin de mes phrases,
Vous avez dit de vous
Feuilletez ce livre
Voyez le chemin parcouru
Par vous
par moi
ENSEMBLE

Pour aller où?

Vers la plénitude.

La plénitude, c'est l'état de ce qui est complet, ce qui possède toute sa force, et c'est l'épanouissement.

Cela veut dire que *vous pouvez être vous-même, corps, esprit, énergie.*

Il vous faut d'abord veiller à l'équilibre de votre corps. Mais pour atteindre à cet équilibre, à l'harmonie qui donne la joie, il vous faudra irriguer votre corps *d'esprit et d'énergie psychiques.*

Il vous faudra vouloir respirer de façon à nettoyer votre corps, il vous faudra marcher, détendre vos muscles. Il vous faudra veiller sur l'arbre de votre vie et ne pas alourdir votre corps de nourritures inutiles et néfastes.

Reprenez ces pages où je parle des EXERCICES ESSENTIELS Les avez-vous accomplis? Vous êtes-vous vraiment convaincu de leur NÉCESSITÉ?

Mais, et c'est l'une des clés qui vous permettra d'atteindre la plénitude, il vous faudra savoir *reconstituer votre énergie psychique* et ainsi laisser votre corps retrouver des forces neuves.

Interrogez ceux que vous aimez et pensez à vous-même : le sommeil, c'est la paix qui vous est accordée chaque jour. Mais combien nombreux ceux qui ne le trouvent pas. Leur énergie psychique s'épuise sans jamais pouvoir se renouveler; ils sont comme un réservoir qui jamais ne serait rempli et qui devrait toujours couler. Des millions d'hommes et de femmes chaque nuit souffrent ainsi de cette maladie cruelle et d'aujourd'hui, l'insomnie.

A ceux-là, la plénitude ne peut être donnée. Il n'est pire souffrance que ce manque de sommeil. Je l'ai connu dans les mois qui ont suivi mon drame. Mes nuits étaient sans fin, je m'allongeais, je l'ai dit, l'oreille collée contre un poste de radio qui hurlait parce que je voulais chasser le bruit insupportable de ma douleur. Car la nuit les souffrances deviennent plus profondes, le cœur est creusé de sillons qui ne cessent de s'approfondir au fur et à mesure que le temps s'écoule.

Ces nuits-là, je m'en souviendrai toujours. Et tant d'êtres humains les connaissent. Tous ceux qui angoissés — et vous en connaissez j'en suis sûr — voient venir le soir avec la terreur de qui sait qu'il ne s'endormira pas, qu'il lui faudra tourner sans fin entre ses draps, se lever, et finalement, une nouvelle fois abdiquer, prendre ces comprimés qui apaisent, qui donnent le sommeil mais laissent sans force. Et surtout, le lendemain soir, il faut recommencer et parfois augmenter la dose!

Les pilules, quelle que soit leur couleur ou leur

nom, je les condamne. Parfois, je l'admets, elles sont, dans une période de crise aiguë, nécessaires. Mais il est des millions d'hommes qui en usent chaque jour pour entrer dans ce domaine si naturel, si essentiel du sommeil. Ceux-là combattent non pas la cause de leur mal, mais ses manifestations.

L'impossibilité du sommeil n'est en effet qu'un signe : trop de tension, trop de fatigue nerveuse, trop d'angoisse, un oubli de l'équilibre naturel du corps et de l'esprit, un éloignement de la nature qui sait, elle, s'endormir!

Il faut si vous voulez atteindre la plénitude réapprendre le sommeil.

C'est comme si je disais que pour avoir une récolte il est d'abord nécessaire d'irriguer.

Le sommeil irrigue notre corps de forces jeunes et d'énergie renouvelée.

Pour retrouver le sommeil, il faut d'abord le vouloir.

Car vouloir — cet effort de la volonté consciente — est nécessaire aussi à la naissance du sommeil quand il n'est plus déclenché par les mécanismes naturels de la fatigue. Car nous avons, avec notre vie rapide, effacé de nous les « freins » qui permettaient à notre corps de cesser d'agir. Le sommeil prenait l'homme. Maintenant nous accélérons : cigarettes, café, alcool, autant de drogues plus ou moins légères qui nous entraînent et peu à peu l'habitude naturelle du sommeil se perd. Il faut vouloir la retrouver. Et à nouveau nous découvrons que corps et esprit se tiennent et que la paix de l'un ne va pas sans la paix et l'action de l'autre. Alors, cessez tôt le soir de faire glisser en vous ces drogues. Ne vous alourdissez pas. Abandonnez tôt dans la soirée le spectacle de la télévision. Ces images agissent sur vous comme des piqûres d'épingles qui, sans que vous vous en rendiez compte, excitent votre système nerveux. Comment voulez-vous ensuite le mettre facilement au repos?

Etablissez le silence autour de vous, en vous.

Allongez-vous, détendez vos muscles. Faites cet

effort, car c'en est un de les passer en revue, muscle de la jambe ou du cou, muscle de la main ou du bras; faites cet inventaire de vous-même et chaque fois prenez conscience de ce muscle et libérez-le. Détendez-le.

Et respirez comme je vous l'ai indiqué. Atteignez le sommeil, veuillez l'atteindre. Emplissez vos poumons également, forcez-vous à sourire, de façon à détendre même les muscles de votre visage. Emplissez votre esprit de pensées positives, d'images calmes, rêvez déjà à la paix que vous procurera le sommeil. Rêvez, répétez-vous que vous allez dormir, vous détendre, que vous respirez déjà avec la régularité de qui dort, vous allez dormir.

Ce sommeil, régulièrement trouvé, c'est pour vous *la condition de la plénitude.*

Mais tout reste encore à faire. Il faut labourer, semer avant de récolter. Si l'énergie de votre corps est régulièrement renouvelée, vous n'avez fait *qu'irriguer votre corps.* Tout vous reste à faire.

Il vous faudrait maintenant relire ce livre pour savoir quelles voies et quels moyens choisir. J'ai essayé tout au long de ces pages de vous aider.

Je dirai d'abord qu'IL VOUS FAUT VOUS CONNAITRE. Vous, avec votre passé, ce qui agit sur vous, à travers vous, par vous. Il vous faut savoir d'où vous venez, ce qui vous a fait. Et cela aussi exige effort et interrogation sur soi. C'est pour cela que je vous ai guidé jusqu'ici, pour cela que je vous ai demandé d'écrire. Il faut savoir ce que vous voulez et savoir vous faire aimer. En aimant, en vous ouvrant aux êtres. En vous dégageant de ces étaux, de ces prisons que sont la jalousie, l'envie d'autrui.

IL FAUT QUE VOUS ACCEPTIEZ AVEC JOIE D'ETRE VOUS-MEME. Tel que votre vie vous a fait.

Cela ne signifie pas que vous devez accepter ce qui vous arrive, sans lutter. Toute ma vie est un combat. Contre les bourreaux, j'ai lutté mes mains nues. Contre le désespoir j'ai combattu avec votre aide et en créant la Fondation Dina Gray et ces livres qui deviennent peu à peu les vôtres, pareils à des enfants qui grandissent, changent de visage, et pourtant restent les vôtres.

Il vous faut vous battre mais *accepter la condition de l'homme.* Qui est de vivre un temps seulement. Il faut, ce temps, le vivre pleinement. Non pas comme certains le croient en multipliant les sensations, les expériences. Toutes sont vaines si elles ne sont pas chargées de sincérité et de vérité.

Vivre pleinement c'est participer à la totalité du monde.

VIVRE PLEINEMENT C'EST ENTRER EN COMMUNION.

Regardez les hommes, regardez le monde, regardez les étoiles, les plantes, tout ce qui vit, ces nuages qui passent, regardez, apprenez à votre corps, à votre esprit, *à vibrer avec le monde. A communier avec lui.*

Vous devez *sortir de vous,* car c'est la meilleure voie pour *être vous-même.*

Vous devez ouvrir les mains, car c'est la meilleure façon de saisir. Donner c'est recevoir. Partager c'est multiplier. Aimer c'est être aimé.

Il faut que vous *choisissiez d'être ouvert au monde.* Ouvert aux autres, à la nature, à la diversité des formes de la vie. Parce que ainsi LA VIE ENTRERA EN VOUS.

Il y a dans l'univers des énergies puissantes qu'il faut savoir accueillir en soi. Ces énergies entourent le monde : elles se concentrent ou se dispersent. Elles sont négatives ou positives. Croyez-vous qu'une grande capitale de plusieurs millions d'habitants chacun lancé dans ses passions et son travail ne soit pas un lieu particulier, comme ces zones des cours d'eau où se produisent des tourbillons? Là, l'homme risque d'être entraîné. Là, il doit faire effort pour s'ouvrir aux énergies positives qui existent aussi mais qui sont souterraines et qu'il doit puiser d'abord en lui-même dans le contact avec quelques êtres aimés, dans le séjour aussi hors des zones tourmentées, hors de la ville. Il doit savoir qu'autour de lui se croisent des courants difficiles à maîtriser et qui l'influencent. Il y a de plus dans ces zones la pollution, les bruits, les acides, ces gaz en suspension dans l'air qui n'attaquent pas seulement les façades mais aussi les corps et qui affectent le système nerveux de l'homme.

Regardez autour de vous, voyez dans les transports en commun, les métros et les autobus, les visages des hommes et des femmes, de ces cités qui sont devenues des jungles. Pour atteindre la plénitude dans ces villes, il faut une *volonté entraînée* qui sait résister *aux énergies négatives, qui sait s'ouvrir.*

Car la tentation est grande dans un tel déferlement de se replier, d'être un de ces passants de la « foule solitaire ».

Or, il faut s'ouvrir.

Je marchais cet après-midi, avant de vous retrouver par le moyen de ce livre, sur l'un des grands boulevards de Paris. Je lisais dans le journal que place de l'Opéra le bruit est plus fort que celui des chutes du Niagara, que la pollution en quatre ans a augmenté de 35 pour 100 et brusquement, dans ce bruit, un rythme joyeux, un son léger et clair : sur un banc deux jeunes garçons, les yeux fermés, l'un jouant du banjo, l'autre de la clarinette, les pieds battant la mesure, et leur musique qui s'élevait gaie et pure. Je suis resté quelques minutes au milieu des badauds, écoutant, sentant entrer en moi les *énergies positives,* plus fort d'être pénétré par elles.

Il faut être ouvert, il faut savoir accueillir ces musiques de l'univers, ces énergies positives.

Votre vie alors sera toujours *irriguée* par les forces du monde. Vous connaîtrez l'enthousiasme. Vous ne serez pas limité aux dimensions étroites de votre corps. Vous *ne serez jamais vieux.*

La vieillesse c'est être enfermé en soi. C'est être prisonnier de soi, de ses limites.

Il y a des jeunes qui sont des vieillards. Si vous êtes ouvert au monde, vous ne serez pas vieux. Vous *partagerez la vie de l'univers, vous serez porté par cette vie. Elle vous donnera son élan.* Et vous accepterez même, sans souffrance, l'idée que ceux que vous aimez, et vous-même un jour, vous disperserez dans *l'univers,* devenant une forme nouvelle de la vie.

La mort ne sera pour vous qu'un *changement de forme de vie.*

Je ne veux pas parler de religion ni de croyance. Chacun doit suivre ce qui parle en lui et c'est peut-être la foi, ou bien au contraire le refus de croire. Je ne veux pas faire de différences entre chrétiens et juifs. Ou parmi d'autres encore. Je ne veux parler que de ce que je crois. Les miens autour de moi ont disparu. Je ne peux plus les serrer entre mes bras. Je ne vois plus courir mes enfants et je n'entends plus leurs voix qui m'appellent le soir, au moment où ils vont s'endormir. Et le matin, je ne vais plus me pencher sur leurs lits pour les réveiller par une caresse. Ils ont disparu à jamais. *Mais ils sont présents encore.*

Ils sont l'énergie qui m'habite. La force que j'ai elle vient de tous les miens et c'est au nom de tous les miens que j'écris ces livres de la vie et que je parle.

Et tous ceux, des milliers, qui m'ont écrit pour partager ma peine, tous ceux qui me disent que les miens, grâce aux mots que j'ai tracés, ont commencé à vivre avec eux, tous ceux-là, toutes leurs énergies continuent de prolonger, dans ce monde, l'existence des miens.

Tant qu'une mémoire se souvient la vie continue.

Et je me souviendrai toujours. Et tant de lecteurs encore à venir se souviendront. Les mots qui sont nés de ma douleur et de ma perte, voici qu'ils se transforment en énergie positive qui va vers ceux qui ont besoin d'écouter ces mots de courage et d'espoir. Voici que j'écris avec mon expérience *Le livre de la vie* qui aide des centaines de milliers de personnes à vivre.

Comment pourrais-je croire que la vie s'arrête à la disparition des corps? *La vie continue* forte, puissante. La vie est une source d'énergie et si cette énergie est transmise, la mort n'est plus qu'*un changement de forme de l'énergie et de la vie.*

Et vous devez accepter cette transformation ultime de la vie par la mort.

Parce qu'elle est la *loi fondamentale de l'espèce humaine.*

Se boucher les yeux, vouloir oublier, faire comme si cette transformation ne devait pas avoir lieu, c'est une des nombreuses folies de notre temps.

Jadis, dans les villages et j'en ai connu en Pologne quand je vivais parmi les paysans, chacun savait, voyait et ce dès son plus jeune âge, que la transformation de la vie par la mort faisait *partie de la vie.* Que la vieillesse était présente dès notre enfance en chacun de nous. Chacun côtoyait le grand âge et la disparition. Chacun savait qu'un jour vient où le silence emprisonne un être aimé. Aujourd'hui on ne sait plus rien. Malades, vieux, et les morts, on les chasse de chez soi, on les dissimule au regard, on veut oublier la *loi suprême.* C'est la folie de notre temps car la transformation vient et elle nous frappe alors en plein cœur et certains ne réussissent jamais à accepter qu'elle se produit, qu'elle frappe autour de nous, les miens, les vôtres.

Il faut accepter.

Il faut comprendre qu'il ne s'agit que d'une *transformation des énergies,* que notre esprit *peut conserver les énergies transformées.* Et que ces énergies ne doivent pas être des lourdes charges, mais des *élans.*

Je parle, j'écris, je fais, parce que les *miens sont en moi, vivants.* Morts à la présence dans le monde, mais *vivants* d'une *vie pleine dans mon souvenir et dans mon action.* Et je sais aussi que grâce à vous ils *vivent,* qu'ils sont devenus des *énergies vivantes et qui se diffusent,* de lecteur en lecteur, d'ami en ami. Et ce sont des énergies positives. Si vous acceptez ainsi que j'y suis parvenu — et ce ne fut pas sans mal — cette *transformation de la vie,* si vous *acceptez votre condition d'homme,* veillant par un effort constant *à épanouir toutes vos possibilités,* à n'être que vous-même mais à *l'être pleinement,* jusqu'au bout de vous-même. Si vous veillez à faire de votre corps et de votre esprit une *unité harmonieuse*, où chaque partie donne à l'autre...

... *Si l'autre est d'abord pour vous un être humain à aimer* et qui peut vous *apporter beaucoup*, alors, ayant ainsi accepté la loi à laquelle l'homme est soumis, ayant situé votre place dans l'univers, ayant appris à sentir et à utiliser les *énergies* qui sont en vous et qui viennent de l'autre, alors vous irez vers la *plénitude*.

Ce n'est point un état. C'est une démarche, une conquête qu'il faut renouveler chaque jour.

Chaque matin, vous arrosez la plante que vous avez achetée. Vous voulez qu'elle vive et s'épanouisse.

Chaque jour vous nourrissez votre corps.

POURQUOI CHAQUE JOUR NE VEILLERIEZ-VOUS PAS A OBTENIR DAVANTAGE DE VOUS-MÊME, A MIEUX VOUS ÉPANOUIR, A CONSERVER ET A DÉVELOPPER CETTE HARMONIE QUE VOUS AVEZ UN INSTANT CONNUE

La plénitude est à conquérir chaque jour. Vous devez veiller à ne pas vous laisser submerger par les énergies négatives qui nous entourent et qui en vous risquent de naître si vous ne veillez pas à les *transformer en énergies positives.*

Il vous faut veiller sur vous, sur vos paroles, sur vos rapports avec les autres.

Votre vie ne doit pas devenir celle d'un maniaque attentif qui préoccupé de lui n'agit plus avec élan. Au contraire vous devez être *spontané*, vif, vous devez aller vers le monde et vers les autres. Je vous demande simplement de ne pas vous laisser enfermer, retenir par votre passé, vos peurs, votre ignorance de vous-même.

Connaissez vos énergies, connaissez ces trésors et ces forces qui sont en vous. Devenez vous-même.

Acceptez la vie.

Veillez sur votre corps pour qu'il puisse agir et ne pas

être un obstacle à votre esprit. Que l'un aide l'autre.

Parlez. Ecrivez.

Echangez avec autrui vos pensées. Ne restez pas enfermé en vous-même. *Ayez confiance.* Apprenez à vous connaître pour connaître les autres. Ecoutez les autres pour apprendre à vous écouter.

Aidez les autres pour vous aider.

Allez vers les autres pour aller vers vous. Seul, vous êtes sans pouvoir. *Avec les autres vous libérez vos énergies.* Et elles sont immenses.

Je vous ai parlé parce que j'avais besoin de me trouver. Je sais que je vous parlerai encore car j'ai beaucoup à dire qui vient en moi, par vous. Et sans doute en me lisant, parce que je me suis mis tout entier dans ce livre, m'avez-vous rencontré et vous êtes-vous rencontré.

Alors que les derniers mots de cette longue conversation s'approchent je voudrais que *ce livre soit devenu vôtre.*

Je voudrais qu'il vous aide comme il m'a aidé. Et je sais que l'énergie qu'il porte peut vous être bénéfique. Je sais que l'énergie que vous avez déployée à sa lecture me sera bénéfique et vous sera positive.

Ainsi ce livre est *nôtre.*

Vous l'avez écrit avec moi.

Parlez-le à votre tour s'il vous a semblé qu'il vous apportait des moyens pour aller plus loin avec vous-même. Discutez-le. Confrontez-le. Ne l'enfermez pas en vous. Ne vous enfermez pas en vous.

Allez vers celui qui vous est proche, dites-lui comme des amis me l'ont dit et comme je vous l'ai écrit, dites-lui : « *Parlons de votre vie.* »

Expliquez-lui comment il peut *libérer*

LES
FORCES DE LA VIE

Après la publication de mes deux premiers livres, *Au nom de tous les miens* et *Le Livre de la vie*, beaucoup de lecteurs m'ont écrit. Vous savez que vous pouvez m'écrire encore, si vous en ressentez le besoin, à :

Martin GRAY
Domaine des Barons
83141, TANNERON
FRANCE

Je suis toujours heureux de vous lire et de vous écouter.

Protéger l'homme, tel devrait être le but de chacun de nous.

Protéger l'homme, c'est la mission que s'est donnée la Fondation Dina Gray, créée par Martin Gray qui voulait ainsi perpétuer le souvenir des siens.

Mais protéger l'homme, cela veut dire sauver le cadre de vie de cet homme, donc sauvegarder toutes les formes de la vie, même celles qui nous paraissent les plus simples. La vie d'un végétal, c'est déjà la vie.

Et dans l'univers, tout est uni. Qui détruit la nature met en danger l'homme.

Cette œuvre de protection de l'homme dans son cadre de vie doit être la préoccupation de tous. Elle exige notre attention, notre vigilance, notre solidarité.

Cette action doit aussi être organisée. Avec d'autres personnes, d'autres groupes, la Fondation Dina Gray se donne pour but d'animer et d'organiser cette action.

Mais cela suppose des moyens financiers importants : la Fondation Dina Gray vit des droits d'auteur que Martin Gray lui abandonne.

Le tirage de ses livres, traduits en 18 langues, est des plus importants. Ces revenus sont très appréciables. Ils sont pourtant insuffisants. Aussi Martin Gray lance-t-il un appel à tous ses lecteurs pour une diffusion plus grande encore et pour une aide directe à son œuvre. Si vous voulez participer à l'action de Martin Gray, écrivez à :

FONDATION DINA GRAY
6, place Saint-Sulpice
75006 - PARIS.

TABLE DES MATIÈRES

Documents et témoignages

Demandez à votre libraire le catalogue semestriel gratuit

CARS Jean des
Sleeping Story (832★★★★)
Orient-Express, Transsibérien, Train bleu: grande et petite histoire des wagons-lits.
Haussmann, la gloire du Second Empire (1055★★★★)
La prodigieuse aventure de l'homme qui a transformé Paris.
Louis II de Bavière ou le roi foudroyé (D92★★★)
Une biographie passionnante de ce prince fou, génial et pervers.

CHOW CHING LIE
Le palanquin des larmes (859★★★)
La révolution chinoise vécue par une jeune fille de l'ancienne bourgeoisie.
Concerto du fleuve Jaune (1202★★★)
Un autoportrait où le pittoresque alterne avec le pathétique.

FOURASTIÉ Fr. et J.
Les écrivains témoins du peuple (1090★★★★)
De Chrétien de Troyes à Zola, la vie quotidienne des générations qui ont fait la France d'aujourd'hui.

GERARD Nicole
Sept ans de pénitence (872★★★★)
Son crime l'a fait passer de la vie bourgeoise à l'enfer des prisons.

GRAY Martin
Le livre de la vie (839★★)
Cet homme qui a connu le plus grand des malheurs ne parle que d'espoir.
Les forces de la vie (840★★)
Pou ceux qui cherchent comment exprimer leur besoin d'amour.
Le nouveau livre (1295★★★★)
Chaque jour de l'année, une question, u espoir, une joie.

LANGE Monique
Histoire de Piaf (1091★★★)
La vie bouleversante de la plus grande char teuse française. Illustré.

MORRIS Edita
Les fleurs d'Hiroshima (141★)
Les souvenirs et les secrets des survivants d la bombe.

MOUSSEAU Renée
Mon enfant mon amour (1196★)
Le drame d'une mère dont l'enfant est attei d'une leucémie aiguë.

PEYREFITTE Alain
Quand la Chine s'éveillera (2 t. 937★★★ et 938★★★)
Dans cette nouvelle édition d'un best-sel mondial, le point sur les soubresauts qui c suivi la mort de Mao.

RENAUDOT Françoise
Moi j'irai à Dreux (1351★★)
Une femme de notre temps mène une long lutte pour sauver son enfant.

ROY Claude
Victor Hugo, témoin de son siècle. 1171★★★★)
Le XIXe siècle décrit par le grand visionna

VEZINET Général
Le général Leclerc (1391★★★★)
Toute l'épopée Leclerc retracée par un de compagnons d'armes. Illustré. (nov.

Editions J'ai Lu, 31, rue de Tournon, 75006 Paris

diffusion
France et étranger : Flammarion, Paris
Suisse : Office du Livre, Fribourg
diffusion exclusive
Canada : Éditions Flammarion Ltée, Montréal

Achevé d'imprimer sur les presses de l'imprimerie Brodard et Taupin
7, Bd Romain-Rolland. Montrouge. Usine de La Flèche,
le 30 septembre 1982.
1662-5 Dépôt Légal septembre 1982. ISBN : 2 - 277 - 11840 - 0
Imprimé en France